3つの東京オリンピックを大研究 ①

1940年 まぼろしの 東京 オリンピック

監修：日本オリンピック・アカデミー

岩崎書店

もくじ

第1章 オリンピックの歴史 ——4

古代ギリシャで始まったオリンピック
◎オリンピズム・オリンピック憲章
古代オリンピックの競技
近代オリンピック始まる ———————— 6
第1回アテネ大会
　◎オリンピックのメダル
　人物ピックアップ クーベルタン
第2回パリ大会 ———————————— 8
第3回セントルイス大会
　◎1906年の中間オリンピック大会
第4回ロンドン大会
　明治時代に始まった日本の近代スポーツ
第5回ストックホルム大会 ——————— 10
　◎マラソンの起源と距離のなぞ
　人物ピックアップ 金栗四三 ——————— 12
　人物ピックアップ 嘉納治五郎 ————— 14
　当時の世界と日本―第一次世界大戦が起こる — 16
　大正デモクラシーの時代
第7回アントワープ大会 ———————— 18
　◎女性だけのオリンピック大会があった！
　当時の日本―関東大震災が起こる
第8回パリ大会
　新しい都市と人びとのくらし ———— 20
第9回アムステルダム大会 ——————— 22
　人物ピックアップ 織田幹雄　人見絹枝

▲ギリシャでおこなわれる聖火の採火式

▲明治時代の野球

▲金栗足袋

◀関東大震災

◀嘉納治五郎の銅像

第10回ロサンゼルス大会 ──────── 24
人物ピックアップ 西竹一
当時の日本と世界 ──────── 26
第11回ベルリン大会 ──────── 28
人物ピックアップ アドルフ・ヒトラー
ベルリン大会での日本選手の活躍 ──── 30
人物ピックアップ 前畑秀子

第2章 まぼろしのオリンピック ──── 32

東京オリンピック開催に向けて
人物ピックアップ 永田秀次郎
東京市と大日本体育協会の思惑のちがい
嘉納治五郎、副島道正、杉村陽太郎の努力 ──── 34
1940年のオリンピック東京大会決定まで ──── 36
オリンピック開催決定にわく日本 ──────── 38
オリンピックの宣伝─ポスターやガイドブック ── 40
◎オリンピックテレビ放送をめざした高柳健次郎
競技場建設に向けて ──────────── 42
1937年～1940年の日本─日中戦争が始まる ── 44
戦争中の国民のくらし ──────────── 46
ついにオリンピック東京大会を返上！ ───── 48
まぼろしのオリンピックメダル候補者 ───── 50
◎戦死した選手たち
1940年の日本─紀元二千六百年奉祝式典行事 ── 52
1941年─アジア・太平洋戦争が始まる

▲ロサンゼルス大会 三段跳びで優勝した南部忠平

▲日本の国際連盟脱退を報じる新聞

▶映画『オリムピア』の宣伝ポスター

◀陶製アイロン
▶竹製ランドセル

表紙写真　駒沢オリンピック競技場配置図、嘉納治五郎、オリンピック大会中止を報じる新聞、金栗四三　裏表紙写真　第1回アテネ大会の陸上100mのスタート場面

3

第1章 オリンピックの歴史

▲ギリシャ、オリンピアのヘラ神殿前で行われる聖火の採火式
ヘラは、ギリシャ神話の最高女神。(PK)

古代ギリシャで始まったオリンピック

　古代オリンピックは、紀元前776年から紀元後393年までの約1200年間、ギリシャのオリンピアで4年ごとにおこなわれたスポーツの祭典です。

　そのころ、ギリシャで聖地とされたオリンピアを領有するために都市同士が争っていました。

　あるとき疫病がはやって市民が苦しんでいたとき、エリスという都市の王が夢のなかで神のお告げを受けます。「争いをやめ、オリンピアで競技大会を開け」というものでした。このお告げで各都市はオリンピックをおこなうこととし、3か月間戦争をやめることにしたといわれています。

　近代オリンピックは、古代オリンピックを受けつぎ、スポーツと平和の祭典として今もおこなわれています。

五輪まめ知識　オリンピズム・オリンピック憲章

　オリンピズムとは、クーベルタン（7ページ参照）が提唱したオリンピックの根本的な考えで、世界の人びとが国籍や文化のちがいをこえてスポーツで交流し世界平和の実現をめざすという理想が中心となる。

　オリンピック憲章は国際オリンピック委員会（IOC）によって定められたオリンピズムの根本原則でIOCや参加選手たちが守るべき決まりのこと。スポーツを人類の発展に役だたせることや、すべての個人はいかなる差別も受けず、スポーツをする機会をあたえられることなどが記されている。

古代オリンピックの競技

　古代オリンピックの競技は、紀元前5世紀には5日間おこなわれ、ギリシャ神話の神、ゼウス像の前で選手や審判が不正をおこなわないとちかうことから始まりました。

　最初はスタディオン（競技場）でおこなわれたスタディオン走とよばれる短距離競走だけでした。その後、スタディオンの直走路を10往復する長距離走のドリコス走、円盤投げ、槍投げ、幅跳び、レスリング、ボクシングなどの格闘技、競馬、馬車であらそう戦車競走などが加わりました。

▲スタディオン走
約192mの直走路を走る短距離競走(PK)

◀戦車競走　4頭だての馬車で速さをきそう競技。(PK)

▲レスリング
相手を持ちあげて投げる競技。(PK)

まめ知識　古代日本のスポーツ、相撲

　古代オリンピックがおこなわれていたころ、日本にもスポーツがあった。現在、国技とよばれて人気のある相撲で、レスリングと同じように力くらべから始まった。相撲は奈良時代に編さんされた歴史書『古事記』や『日本書紀』に出てくる。

　垂仁天皇の時代、大和国(奈良県)の当麻村に当麻蹴速という力自慢で天下にならぶもののない男がおり、これをきいた天皇は出雲国(島根県)で勇士と評判の高い野見宿禰をよびよせ二人に角力(相撲)をとらせた。両者はけりあったあと宿禰が蹴速のあばら骨をふみくだき、腰をふみくじいて殺してしまう。天皇は宿禰に蹴速のもっていた土地をあたえ、宿禰は臣下となった。

　その後、相撲はその年の農作物の収穫をうらなう祭りの儀式としておこなわれるようになったという。

　奈良時代から平安時代には宮中の年中行事となり、1500年以上も続く伝統のスポーツとなった。

近代オリンピック始まる
●第1回アテネ大会(1896年)

1896年4月6日〜15日
14か国・地域から241人参加
8競技・43種目

▲陸上100mのスタート場面　選手たちはいろいろなかまえ方をしているが、現在の短距離競走で地面に両手の指をついてかまえるクラウチングスタートの選手もいる。

　近代オリンピック第1回大会は1896(明治29)年にギリシャの首都アテネでおこなわれました。これにさきだち1894年、クーベルタンがヨーロッパやアメリカのスポーツ関係者によびかけ、フランスのパリで国際オリンピック委員会(IOC)が設立されました。クーベルタンはオリンピック開催を提案、オリンピック発祥の地ギリシャでの開催が決定されました。

　開会式では国王が開会を宣言し、祝砲が鳴りひびき、鳩がとばされました。
　実施された競技は、陸上、水泳など8競技で男子のみが参加できました。マラソンでは地元の選手スピリドン・ルイスが優勝しましたが、興奮したギリシャ皇太子が最後の200mを選手とともに走るというハプニングが起こり、大会はおおいに盛りあがったといいます。

五輪まめ知識　オリンピックのメダル

　各競技の優勝者には銀メダルと平和の象徴であるオリーブの枝があたえられた。2位の選手には銅メダルと月桂樹の枝があたえられたが、3位の選手にはあたえられなかった。1位から3位の選手たちに金・銀・銅メダルがあたえられるようになったのは1904(明治37)年にアメリカのセントルイスでおこなわれた第3回大会からだった。

▶第1回アテネ大会の銀メダル　（PK）

人物ピックアップ **クーベルタン(1863〜1937年)**

近代オリンピックの父

　近代オリンピックの基礎をきずいたピエール・ド・クーベルタンはフランスのパリの貴族の家に生まれ、少年時代から古代ギリシャ文明に興味をいだいていました。1870(明治3)年から翌年にかけておこなわれた普仏戦争(ドイツ統一をめざすプロイセンとフランスの戦い)を目の前で体験したクーベルタン少年は、戦争をなくして平和な世の中にしなければいけないと切実に思いました。

◆オリンピック開催をよびかける

　20歳のときイギリスにわたりパブリックスクール(寄宿制の私立中等学校)を視察しました。そこでフェアプレー(正々堂々とした態度でおこなわれる試合)を重んじるスポーツが青少年の身体や精神の成長におおいに役だっていることを実感しました。

　スポーツが社会にとっても重要だと考えたクーベルタンは、古代オリンピックの平和の精神にもとづくオリンピック大会を復活できないかと考えるようになりました。

　1894年、31歳のときパリ大学でおこなわれた国際会議で各国代表者にオリンピック開催をよびかけます。結果は満場一致の賛成で、国際オリンピック委員会(IOC)の設置も決定されました。2年後、第1回大会がギリシャのアテネで開催されることになりました。

◆IOC会長として活躍

　クーベルタンは1896年から1925年まで約30年間、IOC会長としてオリンピック開催に貢献しました。しかし平和な世界を理想としたオリンピズム(4ページ参照)の考えを理解しない人びともいました。IOC会長を辞任したのち、万国教育連盟などを創設し亡くなるまでスポーツと教育の重要性をうったえつづけました。

◆オリンピックのマークをデザイン

　クーベルタンはオリンピックのマークを考案しま

◀ピエール・ド・クーベルタン (PK)

した。1914年に開かれたIOC創設20周年記念式典で公表し、1920年のアントワープ大会から使用されました。

　白地に左から青、黄、黒、緑、赤をつなげたマークは、世界中の国旗のほとんどをえがくことができているといいます。5つの輪は世界の五大陸をあらわしているともいわれますが、どの色がどこをあらわしているのかは決まっていません。

クーベルタンは、世界平和を実現させようとオリンピックを考えたんだね。

●第2回パリ大会（1900年）

> 1900年5月14日～10月28日
> 24か国・地域から997人参加
> 16競技・95種目

　第2回オリンピック大会は、フランスの首都パリの万国博覧会の付属大会としておこなわれました。

　この大会から女子選手が初参加し、ゴルフ、テニスなどに出場しました。写真を見ればわかりますが、当時の服装は長袖ブラウスにロングスカートという女性が肌を見せないためのスタイルでした。

　また、現在ではなくなった綱引きや、デモンストレーションとして魚つり、たこあげなどがおこなわれました。

▶テニス女子シングルスと混合ダブルスで優勝したイギリスのシャーロット・クーパー　（ゲッティイメージズ）

●第3回セントルイス大会（1904年）

> 1904年7月1日～11月23日
> 12か国・地域から651人参加
> 16競技・95種目

　第3回オリンピック大会はアメリカのセントルイスで万国博覧会の付属大会としておこなわれました。523人が参加したアメリカの選手が大活躍し、陸上トラック種目ではほとんどの金メダルをとりました。

　ところで、公式競技とは別にアメリカのインディアン、アフリカのピグミー、日本のアイヌの人びとなど少数民族の体力測定のための幅跳びなどの競技がおこなわれました。しかし、クーベルタンは人種差別につながるとして不快感をあらわしたといいます。

▲川や湖でおこなわれた水泳競技　（PK）

五輪まめ知識　1906年の中間オリンピック大会

　近代オリンピック大会の歴史で、例外として開催された大会がある。1896（明治29）年のアテネ大会のとき、ギリシャ国王やギリシャ国会はギリシャでの永久開催をもとめた。しかし、クーベルタンは、世界各地で開催するべきだと反対した。その結果、4年おきにおこなわれるオリンピックの中間の年にアテネでオリンピックを開催することになり、1906年、アテネでオリンピックが開催された。

　その後、ギリシャは政情不安になり、国王暗殺事件などがあり、中間オリンピックは二度と開催されなかった。1950年、国際オリンピック委員会（IOC）はこの大会を公式記録から削除した。

●第4回ロンドン大会(1908年)

1908年4月27日〜10月31日
22か国・地域から2008人参加
23競技・110種目

　第4回オリンピック大会は、万国博覧会の付属大会としてイギリスの首都ロンドンで開催されました。開会式の入場行進は、国名を書いた国旗を先頭にアルファベット順でした。水泳競技は湖や川でなくプールでおこなわれました。この大会ではマラソンの距離が現在と同じ、42.195kmになりました。

◆オリンピックで有名な言葉

　この大会で有名な言葉が生まれました。綱引き競技でアメリカとイギリスが争い、イギリスが勝ちました。ところが試合後、イギリスチームがスパイク靴をはいていたことが問題となりアメリカは抗議しましたが受け入れられず険悪な関係になりました。これを心配したアメリカのタルボット主教は会期中の教会のミサで「オリンピックで重要なのは勝つことではなく参加することである」とのべました。この言葉にオリンピックの精神を感じたクーベルタンはさまざまな機会にこの言葉を広めました。

オリンピックは参加することに意義がある。

明治時代に始まった日本の近代スポーツ

　明治時代、陸上競技、水泳、ボート、野球、サッカー、テニスなどを大学や高等学校に広めたのは来日した外国人たちでした。

　なかでも、東京英語学校のイギリス人教師、フレデリック・ウィリアム・ストレンジは大きな役割をはたしたので「日本の近代スポーツの父」とよばれています。

　1883(明治16)年、ストレンジは東京大学で陸上競技大会(運動会)を開催しました。種目は100ヤード(約90m)競争、走り高跳び、走り幅跳び、棒高跳び、ハンマー投げ、砲丸投げなどで、現在の陸上競技の要素がほとんどふくまれていました。ストレンジによって広められた運動会は小学校や中学校、女学校に普及し、徒競走、綱引き、二人三脚などがおこなわれるようになりました。またストレンジは学校の「部活動」を始めた人物としても知られています。

　野球は1872年、第一大学区第一番中学(現在の東京大学)のアメリカ人教師ホーレス・ウィルソンによって生徒たちに伝えられ、学生の中馬庚がベースボールを「野球」と訳し、学生で俳人の正岡子規が野球のルールや用具を解説し、俳句や短歌をつくって広めようとしました。その後野球はさかんになり、大正時代には大学野球のリーグ戦、全国中等学校優勝野球大会も始まりました(17ページ参照)。

▲**明治時代の野球**　和服姿の審判が参加している。(毎日新聞社)

●第5回ストックホルム大会(1912年)

1912年5月5日〜7月27日
28か国・地域から2407人参加
15競技・102種目

◆日本人選手がはじめて参加

　第5回オリンピック大会はスウェーデンの首都ストックホルムでおこなわれました。この大会で、現在にいたる近代オリンピックの競技規定や競技種目が整理されました。

　また、スポーツだけでなく、建築、彫刻、絵画、文学、音楽の芸術競技も始まりました。

　この大会に、金栗四三と三島弥彦、2人の日本人選手がはじめて参加しました。

◆参加費は自己負担だった

　そのころの日本ではオリンピックに対する関心があまりなく、参加費(現在の約400万円)は選手の自己負担でした。東京高等師範学校(現在の筑波大学)の学生だった金栗四三は経済的余裕がなく、一度は辞退をもうしでました。

　これを知った東京高等師範学校校長の嘉納治五郎は、マラソンでの活躍が期待される金栗選手を参加させるために後援会を結成して募金をよびかけました。こうして資金が集まり金栗はストックホルムに向かうことができました。

　開会式では国旗をもった短距離の三島弥彦選手とプラカードをもったマラソンの金栗四三選手が、団長で国際オリンピック委員会(IOC)委員の嘉納治五郎とともに堂々と行進しました。

　マラソンに出場した金栗は日本で世界記録を上回る記録を出していたので期待されましたがレース途中に日射病でたおれて棄権あつかいとなりました(12ページ参照)。

▲**日本人選手団の入場行進**　旗手は三島弥彦、その左側で帽子を手に持つのが団長の嘉納治五郎。顔は見えないがNIPPONと書かれたプラカードを持つのが金栗四三。

▲陸上競技で力走する三島弥彦（左）（PK）

▲三島弥彦のスパイク
（秩父宮記念スポーツ博物館）

▲三島弥彦のユニフォーム
（秩父宮記念スポーツ博物館）

◆三島弥彦の戦い

東京帝国大学（現在の東京大学）の学生だった三島は、野球、ボート、スキー、乗馬、相撲、スケートとなんでもこなすスポーツ万能選手でした。1911（明治44）年におこなわれたオリンピック大会予選競技会に飛びいりで参加し、陸上競技の100m、400m、800mで1位、200mで2位という好成績をおさめたのでオリンピック選手に選ばれました。

オリンピックで三島は陸上競技の100m、200m、400mに出場しました。しかし、長旅のつかれなどもあり100m、200mは予選で敗退しました。400mでは準決勝にすすみましたが右足の痛みがひどく棄権しました。

金栗や三島たちの成績は満足のいくものではありませんでしたが、日本がスポーツで国際舞台へふみだすきっかけをつくりました。

五輪まめ知識　マラソンの起源と距離のなぞ

オリンピック競技でもとくに人気のあるマラソンはいつから始まり、なぜ42.195kmという中途半端な距離になったのだろう。

紀元前6世紀なかばから5世紀なかばまでギリシャとペルシャ帝国があらそうペルシャ戦争が起こった。

紀元前490年、劣勢だったギリシャ軍がアテネ北東のマラトン（マラソン）でペルシャの大軍を撃退した。この勝利をアテネに知らせようと伝令が全速力で走り続け、アテネの人びとが待つ広場につくと「喜べ、われら勝てり！」とさけんで息絶えたという伝説がある。

マラトンからアテネまでは約40kmだったので、近代オリンピック第1回アテネ大会でのマラソンはマラトンからアテネまでとなった。

42.195kmは1908年の第4回ロンドン大会での距離だった。はじめはイギリス国王が住むウインザー城から競技場までの26マイル（41.843km）とされたが、国王や王女がスタートを宮殿のバルコニーから見える地点にしてほしい、あるいはゴールをイギリス王室のロイヤルボックス前にしてほしいと強くもとめたので352mのびたという説がある。しかし、その後のストックホルム大会やアントワープ大会では約40.2kmだった。

42.195kmが正式な距離になったのは1924年の第8回パリ大会からだった。

人物ピックアップ 金栗四三（1891〜1983年）

日本マラソンの父

金栗四三は現在の熊本県和水町に生まれました。10歳で玉名北高等小学校に入学しましたが、往復12kmの道を毎日走って通学しました。

1910（明治43）年、東京高等師範学校（現在の筑波大学）に進学し、徒歩部（陸上競技部）に入り走力に抜群の能力をあらわしました。

◆オリンピックに出場するも消えた金栗四三

1911年に開催されたマラソン国内予選会に出場した金栗は世界記録を27分もちぢめる大記録（2時間32分45秒）で優勝しオリンピック選手に選ばれました。しかし、当時はオリンピックへの関心がなく旅費などは自己負担でした。経済的余裕がない金栗は辞退しようとしましたが、師範学校校長の嘉納治五郎が募金集めに成功しストックホルム大会に参加できました。

1912年7月14日、30度をこえる猛暑のなかマラソンが始まりました。スタートで出おくれた金栗は17位まで順位を上げましたが折り返し地点をすぎるとはげしい疲労で日射病（熱中症）になり、26.7kmの地点

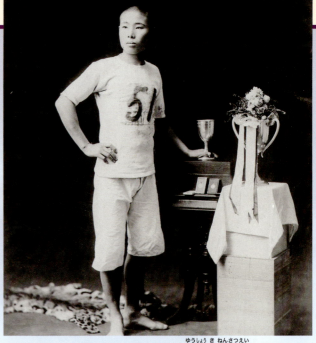
▲1911年、オリンピック国内予選会優勝記念撮影（和水町教育委員会）

でコースをはずれて林の中に消えてしまいました。意識を失った金栗は農民に助けられ、目をさましたのは翌日の朝でした。このマラソンは参加選手68人のうち34人がとちゅうで棄権し死者も出るという過酷なレースでした。マラソン中に消えた金栗の話は地元で後々まで話題になりました。

◆マラソンの普及につとめる

期待を背おって出場しましたが結果を残せなかった金栗ですがこれにめげませんでした。

1919（大正8）年、下関—東京間約1200kmを20日間で走破、1920年には、東京—箱根間往復駅伝競走（現在の箱根駅伝）を企画し成功させました。

しかし1920年、優勝を期待された第7回アントワープ大会のマラソンでは16位、33歳のときに出場

▲NIPPONと書かれたプラカードをかかげる金栗四三。その左の帽子をかぶった人物が嘉納治五郎。（玉名市立歴史博物館）

▲マラソンのスタート　金栗四三は地下足袋で走った。（毎日新聞社）

▲1919年、下関―東京間1200kmを20日間で走破しゴールする金栗四三 （玉名市立歴史博物館）

▲69歳のとき、第15回熊本国民体育大会の最終聖火ランナーとなった金栗四三
（玉名市立歴史博物館）

した第8回パリ大会のマラソンでは32km過ぎで棄権し良い成績を残せませんでした。

金栗は戦後もマラソンや駅伝の普及のために力をつくし、1953（昭和28）年、アメリカのボストンマラソン大会の監督となり、山田敬蔵選手が世界記録で優勝しました。

◆55年目のゴール

1967年、75歳のとき、ストックホルムのオリンピック委員会から招待状がとどきました。ストックホルムオリンピック55周年の記念式典に出席しゴールしてほしいというものでした。

3月21日、金栗は競技場をゆっくりと走りゴールテープを切りました。タイムは54年8か月6日5時間32分20秒3。「これをもって第5回ストックホルムオリンピック大会の全種目を終了いたします」というアナウンスが競技場に流れ、観客から大きな拍手がわきおこりました。

金栗は「長い道のりでした」と語りました。

▲金栗足袋　凹凸のあるゴム底の足袋。（玉名市立歴史博物館）

◀東京箱根間専門学校駅伝競走（箱根駅伝）の参加賞。
（玉名市立歴史博物館）

▲1967年3月21日、スウェーデンのストックホルムの競技場でゴールする金栗四三　（玉名市立歴史博物館）

13

人物ピックアップ **嘉納治五郎**(1860〜1938年)

日本柔道の創始者

嘉納治五郎は現在の兵庫県神戸市で酒造・廻船業をいとなむ豪商の家に生まれました。

1875(明治8)年、開成学校(現在の東京大学)に入学しました。成績は優秀でしたが、体格にめぐまれず力の強い人にかないません。これを克服しようと考え、非力な者でも強力な者に勝てるという柔術を学ぼうとしました。

1877年、天神真楊流柔術の道場へ入門してめきめき上達し、1881年、東京大学を卒業したのち、起倒流という柔術を学んで柔術二流派の技術を習得し、それらの長所をいかして独自の「くずしの理論」を確立し「柔道」を新しく始めました。

1882年、下谷北稲荷町(現在の東京都台東区東上野)に柔道場「講道館」を設立しました。

◆教育や体育に力をつくす

嘉納は教育にも熱心でした。1882年、22歳のとき神田(東京都千代田区)に英語を学ぶ「弘文館」を創立しました。1886年、学習院(現在の学習院大学)教授兼教頭となり、1891年から第五高等学校(現在の熊本大学)校長兼文部参事官をつとめました。

1893年、東京高等師範学校(現在の筑波大学)の校長となり、心身をきたえるための体育を重視して水泳や長距離競争などをすすめました。同年、講道館を小石川(東京都文京区)に新築し、女子の門下生も受けいれました。

1899年、清国(中国)からの留学生を受けいれるための学校「弘文(宏文)学院」を神田に設立します。中国の有名な作家魯迅もここに学びました。

嘉納の思いは「柔道や体育は生涯続けることで心身ともに若々しく幸福に生きることができる。それでえたものを社会生活で実践してほしい」というものでした。

▲柔道着姿の嘉納治五郎(公益財団法人講道館)

▶女子の柔道を見守る嘉納治五郎 (公益財団法人講道館)

14

◆日本のオリンピックの父、嘉納治五郎

　1909（明治42）年、日本のスポーツへの貢献を評価された嘉納は国際オリンピック委員会（IOC）会長のクーベルタンの依頼によりアジアで初のIOC委員となりました。

　1911年、大日本体育協会（現在の日本体育協会）を設立し、会長となってオリンピック予選会を開き金栗四三と三島弥彦を選びました。

　1912（大正1）年、嘉納が団長となり、選手2名、役員2名という少人数でストックホルム大会に参加しました。競技の結果はめざましくありませんでしたが日本がオリンピックに初参加したことに大きな意義がありました。

▲1932年のロサンゼルス大会で行進する嘉納治五郎
（公益財団法人講道館）

◆東京オリンピック大会招致に成功

　1931（昭和6）年、嘉納のオリンピック参加への熱意が関係者を動かし、東京市会（現在の東京都議会）が開催希望を決めてオリンピック招致活動をおこなうことになりました。

　1932年のロサンゼルス大会に出席した嘉納は同時に開かれたIOC総会で日本のオリンピック参加をうったえました。

　1936年、嘉納はベルリンでおこなわれたIOC総会でオリンピックをアジアで開催することが世界のスポーツ・文化の発展につながると主張しました。その結果、世界各国の賛同をえて1940年に東京でオリンピックを開催することが決まりました。

　しかし、1937年から始まった日中戦争がはげしくなり、国内外の情勢が悪化すると翌年、日本はオリンピック大会を返上することになったのです。残念なことに嘉納はそれを知る前に亡くなりました。

◆1964年の東京オリンピックと柔道

　1945年、アジア・太平洋戦争にやぶれた日本は、ふたたび東京オリンピック開催をめざしました。

　IOC委員を29年間つとめた嘉納治五郎の思いを知っていたIOC会長、アメリカのブランデージは東京開催を積極的に支持したので、1959年、ドイツのミュンヘンで開かれたIOC総会では1964年の東京オリンピックが決定され、後に柔道がオリンピックの正式競技となりました。

　現在、柔道は世界中に普及し約200の国と地域が国際柔道連盟に加盟しています。

嘉納治五郎は日本のスポーツの発展や教育に力をつくしたのね。

▶筑波大学にある嘉納治五郎の銅像（筑波大学）

当時の世界と日本──第一次世界大戦が起こる

日本が1912年のストックホルム大会に初参加したころ、ヨーロッパの国々は対立していました。ドイツはオーストリア、イタリアと三国同盟を結んでトルコやアフリカに勢力をのばそうとしました。これに対抗するためイギリスはフランス、ロシアと三国協商を結びました。

1914(大正3)年、オーストリアの皇太子夫妻がサラエボで親ロシアのセルビアの青年に暗殺されたことをきっかけに、第一次世界大戦が起こりました。毒ガス、戦車、飛行機など新兵器が使われ多くの戦死者が出ました。1917年、アメリカが連合国側に加わった結果、翌年、ドイツが降伏し4年におよぶ戦争が終わりました。

▲第一次世界大戦の国際関係地図

◆日本が参戦

日本は1902年にイギリスと結んだ日英同盟にもとづいてドイツに宣戦布告し、ドイツの東洋艦隊の根拠地、中国(中華民国)の青島などを攻めました。1915年、青島を攻略した日本は、中国に対して二十一か条の要求をつきつけて日本の権利と利益を主張し、軍事的圧力でほとんどの要求を中国政府にみとめさせました。

◆ベルサイユ条約とワシントン会議

1919年、フランスのパリで講和会議が開かれた結果、ベルサイユ条約が調印され、ドイツは領土の一部、植民地のすべてを失い多額の賠償金を支払うことになりました。

1920年、国際連盟が設立され、日本は常任理事国となりました。

1921年、アメリカのワシントンで軍縮会議が開かれた結果、日本は青島などの権利と利益を中国に返還することになり、海軍の軍艦の保有数も制限されました。

▲青島を攻撃する日本艦隊(毎日新聞社)

◆ロシア革命・シベリア出兵・米騒動

1917年、ロシアに革命が起こりソビエト政権が成立すると翌1918年、日本はアメリカ、イギリス、フランスとともにロシアのシベリアに軍隊を送って革命政府への武力干渉をおこないました。

1918年、シベリア出兵で軍隊が大量の米を必要とすると見こんだ商人が米を買いしめたため米の値段が2倍以上になりました。7月、富山県の主婦たちがシベリアに送られる米の積み出しをやめさせようと米問屋におしかけるという「米騒動」が起こって全国に広がりましたが軍隊が出動して1か月半後に静まりました。

大正デモクラシーの時代

1912(大正1)年ごろから、薩摩(鹿児島県)や長州(山口県)出身者でしめられた政府が、議会を無視した政治をおこなったため政府に反対する動きが高まりました。また、陸海軍の大臣は現役武官(軍人)でなければならないという規定で軍が大きな力をもつようになりました。

そこで、憲法にしたがった政治を守らなければならないという憲政擁護(護憲)の声がわきおこり、社会全体に民主主義(デモクラシー)の考えが広まり、普通選挙運動、男女平等、差別解放などをもとめる運動がさかんになります。この時代の流れを大正デモクラシーといいます。

◆吉野作造の民本主義

デモクラシーの考えを広めるために唱えられたのが「民本主義」です。東京大学教授の吉野作造は「主権がどこにあっても政治の目的は国民の利益と幸福にある」「政治の決定は国民全体の意向にもとづく」といい、二大政党制、政党内閣制、普通選挙制などをうったえ政党政治を主張しました。政党政治とは国民の支持を得た政党が内閣を組織し国民のための政治をおこなうというものです。

▲吉野作造 (国立国会図書館)

まめ知識　そのころのスポーツや文化

◆野球がさかんになる

野球は明治時代にアメリカからもちこまれた。1914(大正3)年、早稲田大学、慶應義塾大学、明治大学によるリーグ戦がおこなわれ、その後、法政大学、立教大学、東京大学が参加し東京六大学野球リーグのもとをきずいた。

1915年、全国中等学校優勝野球大会として始まった大会が、現在の甲子園球場でおこなわれる高校野球のもとになった。1927(昭和2)年、ラジオの実況中継が始まると高校野球人気はますます高まった。

◆東京駅が開業

1914年に建設された東京駅の設計者は明治時代にイギリスから来日したおやとい外国人コンドルの弟子、辰野金吾だった。

オランダのアムステルダム中央駅をモデルとし、正面の長さは約330mで中央にドームのある3階建ての巨大な駅だった。

▲現在の東京駅　東京大空襲によりドームなどが焼け落ちたが1947年に復興され、2012年に復元工事が完成し大正時代の姿がよみがえった。

▲第1回全国中等学校優勝野球大会の始球式　大阪府豊中市の豊中球場でおこなわれた。(朝日新聞社)

◆『赤い鳥』創刊

小説家の鈴木三重吉は、当時の子ども向けの読み物や童謡を低級だと批判し、子どもの心をゆたかにしようと児童文学雑誌『赤い鳥』を創刊した。創刊号には芥川龍之介の有名な『蜘蛛の糸』が掲載された。森鷗外や北原白秋たち著名な作家や詩人が作品をのせ、山田耕筰ら一流の音楽家は童謡を発表した。『赤い鳥』の成功により児童文学ブームが起こった。

▲1918年の『赤い鳥』創刊号 (日本近代文学館)

●第7回アントワープ大会(1920年)

1920年4月20日〜9月12日
29か国・地域から2622人参加
23競技・156種目

◆第一次大戦後に開かれたオリンピック

1916年におこなわれる予定だった第6回ベルリン大会は、第一次世界大戦(16ページ参照)が起こって中止になりました。

アントワープ大会は平和の祭典としてのオリンピックをうたい、戦争で被害の大きかったベルギーの首都、復興したアントワープでおこなわれましたが、戦争の敗戦国、ドイツ、オーストリア、ハンガリー、ブルガリア、トルコは参加禁止となりました。

五輪がえがかれたオリンピック旗の掲揚と、選手宣誓がはじめておこなわれました。

日本からは15人の選手が参加し、はじめてメダルを獲得しました。テニスの熊谷一弥がシングルスで銀メダルを獲得、ダブルスでは柏尾誠一郎とくんで銀メダルを獲得しました。

▲選手宣誓をするベルギーの選手

▶テニス・シングルスで銀メダルを獲得した熊谷一弥　日本人ではじめてのメダリストとなった。(PK)

○日本人選手の成績

テニス	男子シングルス	熊谷一弥	銀
	男子ダブルス	熊谷一弥　柏尾誠一郎	銀
マラソン		金栗四三	16位

五輪まめ知識　女性だけの陸上競技大会があった！

古代ギリシャのオリンピックでは女性が競技場に入ることを禁止した。しかしいっぽうで、女性たちだけでおこなわれ、女神ヘラにささげられた競技祭があった。短距離競争のスタディオン走がおこなわれ、優勝者にはオリーブの枝葉でつくられた冠があたえられた。

◆国際女子競技大会で活躍した人見絹枝

近代になっても女性がスポーツ競技、とくに陸上競技に参加するのは「女らしくない」「女性には過激だ」などといって批判されることがあった。これに対し、1921年、フランスのアリス・ミリア夫人が中心となり6か国が加盟する「国際女子スポーツ連盟」が設立され、翌年の1922年、国際女子オリンピック大会がパリで開催された。1926年からは国際女子競技大会と名称を変え、1930年、1934年と4回開催された。

1926年のスウェーデンのヨーテボリで開催された大会には日本から人見絹枝が1人で参加し、個人総合優勝にかがやく偉業をなしとげ日本の女子選手たちに希望をあたえた。(23ページ参照)。

当時の日本──関東大震災が起こる

　1923(大正12)年9月1日11時58分、相模湾(神奈川県)海底を震源地とするマグニチュード7.9、最大震度7の大地震が発生し、南関東地方一帯に大きな被害をもたらしました。

　各地で火災が発生して3日間燃えつづけ、東京は焼け野原になりました。

　この関東大震災による被災者は340万人、死者約10万人、全焼家屋約45万戸、全壊・半壊家屋約25万戸という大惨事でした。

◆ 震災からの復興

　焼け跡となった東京の復興をまかされたのは内務大臣で元東京市長の後藤新平でした。焼失した土地の区画整理がおこなわれ、昭和通り、靖国通りなどの幹線道路が整備され、隅田川にかかる九つの橋や市内の小学校は鉄筋コンクリート造りになりました。

　復興事業は1930(昭和5)年に終わりました。現在、東京の町並みや幹線道路のようすは当時とほとんどかわっていません。

▲関東大震災で被害にあった東京日比谷(千代田区)付近の建物　ビルの後方から煙が広がっている。(毎日新聞社)

▲復興された幹線第1号(昭和通り)　幅44mで中央に緑地帯をつくった。(毎日新聞社)

● 第8回パリ大会(1924年)

```
1924年5月4日～7月27日
44か国と地域から3088人参加
19競技・126種目
```

　1900年のパリ大会に続く2度目のパリ大会です。7万人を収容するメインスタジアムがつくられました。それまではメガホンが使われていましたが、この大会からマイクロホンが使用されたので競技の進行がスムーズになりました。

　日本からは19人が参加しました。レスリングの内藤克俊選手は船中の練習で指をいためましたが、克服して銅メダルにかがやきました。

○日本人選手の成績

陸上競技	三段跳び	織田幹雄	6位
競泳	100m自由形	高石勝男	5位
	1500自由形	高石勝男	5位
レスリング	フリー・フェザー級	内藤克俊	銅

▶レスリングで銅メダルを獲得した内藤克俊　内藤はアメリカのペンシルベニア大学のレスリング部で主将をつとめていた。(PK)

新しい都市と人びとのくらし

◆かわる大都市

　第一次世界大戦（16ページ参照）のあと、日本は戦場となって荒廃したヨーロッパの国ぐにに、さまざまな商品を輸出して経済は大きく成長し、都市のようすも変わりました。

　関東大震災の復興事業が進められるなかで、東京や大阪などの大都市には多くの人びとが集中しました。この過密状態を解消するため鉄道会社は沿線の郊外に住宅を建設しました。赤や青のカラフルな屋根で、ガラス窓のある文化住宅にすみ、都心の会社に通ったのがサラリーマンとよばれる勤め人でした。

◆洋風化するくらし

　サラリーマンたちは帽子をかぶり、洋服を着て電車やバスで通勤しました。

　女性たちも洋装で会社の事務員やタイピスト、百貨店の店員やバスの車掌などの職業につきました。

　このころ、新しいファッションに身をつつんだモボ（モダンボーイ）、モガ（モダンガール）とよばれる若い男女があらわれました。

　食生活では、カレーライス、オムレツ、トンカツ、コロッケなどが普及し、コンビーフやハム、トマト、アスパラガスなどが輸入されて食卓をにぎわせました。

▲1926（昭和1）年の東京の銀座通り　市電や自動車が走っている。（毎日新聞社）

▲大正時代の文化住宅　江戸東京たてもの園に移築された小出邸。1、2階にガラス戸のある部屋があり応接間や食堂もそなえている。（撮影／堀口捨己）

▲モボ・モガ　大正時代の終わりころから都市には新しいファッションに身をつつんだ若い男女があらわれた。（毎日新聞社）

◀カレーライス　食堂のメニューで、コロッケ、トンカツなどとともに人気があった。（杉本商店）

◆ラジオ放送始まる

1925(大正14)年3月22日、「JOAK、JOAK、こちらは東京放送局であります。ただいまより放送を開始します」というアナウンスで日本のラジオ放送が始まりました。

初期のころは新聞記事、天気予報、娯楽(漫才など)が放送されました。ラジオは高価なものでしたがラジオ放送は人気をよび、3月に3500人ほどだった契約者数は12月には13万人をこえました。翌1926年には、東京放送局、大阪放送局、名古屋放送局が統合されて日本放送協会(NHK)が成立しました。

1936年のベルリンオリンピック大会のときには現地から実況中継がおこなわれ、日本人選手たちの活躍に日本中が興奮しました。

◆地下鉄が開業

1927(昭和2)年12月30日、日本初の地下鉄が東京の上野—浅草間約2.2kmに開通しました。運賃は10銭均一で、山手線の初乗り運賃5銭の倍でしたが、新し物好きの人びとが2万人もおしかけました。10銭硬貨を投入し回転腕木を回して入場する自動改札機、自動ドアなどすべてが目新しいものでした。

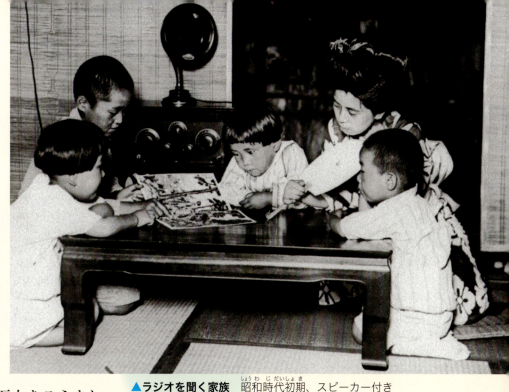

▲**ラジオを聞く家族** 昭和時代初期、スピーカー付きラジオの前で耳をかたむける家族。(NHK)

◆映画がさかんになる

活動写真とよばれた映画は、大正〜昭和時代の大衆娯楽でした。東京の浅草(台東区)や大阪の千日前(中央区)の映画街はおおぜいの客でにぎわいました。最初のころは音声のない無声映画(サイレント)で、弁士とよばれた解説者が内容を語りました。音声つきの有声映画(トーキー)があらわれたのは1931年でした。

▶**地下鉄のポスター**「東洋唯一の地下鐵道」と宣伝し、流行の洋服姿でプラットホームにならぶ人びとをえがいている。(杉浦非水画)

▶**昭和時代初期、大衆でにぎわう東京・浅草の映画街**(毎日新聞社)

●第9回アムステルダム大会(1928年)

1928年5月17日～8月12日
46か国・地域から2883人参加
16競技・109種目

　第9回オリンピック大会はオランダの首都アムステルダムで開催され、はじめて聖火がともされました。
　陸上トラック(競走路)が1周400mに決定され、女性が陸上競技にはじめて参加しました。
　日本からは43人が参加し、2人の選手が金メダルを獲得しました。陸上の三段跳びに出場した織田幹雄と水泳の200m平泳ぎに出場しオリンピック新記録を出した鶴田義行です。水泳男子800mリレーでは銀メダルを、男子100m自由形で高石勝男が銅メダルを獲得しました。
　日本人女性としてただ1人出場した人見絹枝が陸上の女子800mで2位となり銀メダルを獲得するという快挙をなしとげました。

▶競泳・男子200m平泳ぎの鶴田義行
世界記録をもつドイツの選手(右)をやぶって金メダルを手にした。(PK)

○日本人のメダリスト

陸上競技	男子三段跳び	織田幹雄	金
	女子800m	人見絹枝	銀
競泳	男子100m自由形	高石勝男	銅
	男子200m平泳ぎ	鶴田義行	金
	男子800mリレー	米山弘、佐田徳平、新井信男、高石勝男	銀

人物ピックアップ　織田幹雄(1905～1998年)

日本人ではじめての金メダリスト

　織田幹雄は現在の広島県安芸郡海田町に生まれました。県立広島第一中学校(現在の県立国泰寺高等学校)に進学して徒歩部(陸上部)に入部、17歳のとき、極東選手権競技大会で走り幅跳び6m29cm、走り高跳び1m73cmの日本新記録、三段跳びは13m38cmの好記録を出しました。1924年、パリオリンピックの三段跳びに出場し6位でした。
　20歳で早稲田大学に入学し、在学中に走り幅跳び、三段跳びの日本記録を更新しました。
　23歳で出場したアムステルダム大会では三段跳びで15m21cmを記録して予選を通過、決勝では3回ともファウルでしたが他の選手がこの記録をこえられなかったため優勝しました。
　大学卒業後は朝日新聞社に入社し、1931年に神宮競技場(東京都新宿区)の陸上競技大会で三段跳びの世界記録15m58cmを樹立しました。
　織田は陸上競技の指導者として活躍し「日本陸上界の父」とよばれました。1948年、日本オリンピック委員会(JOC)の委員となり、1964年の東京オリンピック大会では陸上競技日本代表総監督をつとめました。

▶三段跳びで優勝した織田幹雄 (PK)

人物ピックアップ 人見絹枝 （1907〜1931年）

▲陸上競技・100m予選で力走し1位となった人見絹枝　準決勝は4着で決勝進出はできなかった。（毎日新聞社）

日本人女性初の五輪メダリスト

　人見絹枝は岡山市に生まれました。岡山県高等女学校（現在の岡山県立岡山操山高校）に入学。16歳のとき岡山県女子陸上競技大会の走り幅跳びで当時の日本最高記録4m67cmを出して優勝しました。

　当時の日本では女性が陸上競技をすることに対する偏見があり「日本女性は人前で太ももをさらすべきでない」などといわれました。しかし人見は世間の冷たい眼をはねかえして競技を続けました。

　17歳で二階堂体操塾（現在の日本女子体育大学）に入学し、大阪の競技大会では50mを6秒8で優勝、三段跳びで11m62cmの世界記録を出しました。

　1926（昭和1）年、大阪毎日新聞社に入社し運動部に配属され、勤めをしながら多くの競技会に出場し非凡な能力を発揮しました。

◆国際大会やオリンピックで大活躍

　1926年、スウェーデンのヨーテボリでおこなわれた国際女子競技大会に日本人でただ1人出場し、走り幅跳びで5m50cmの世界記録で優勝、立ち幅跳びでも2m47cmで優勝し、円盤投げや100ヤード（約91m）競走でも目ざましい成績をあげて個人総合優勝をとげ、世界をおどろかせました。

　1928年、オリンピックアムステルダム大会に日本からただ1人の女子選手として100m競走に出場しました。しかし準決勝で4着となり決勝進出をのがしました。これをくやしがった人見はあまり走ったことのない800mに挑戦して予選を通過、決勝ではドイツの選手と大接戦のすえ2着となり、日本人女性としてはじめて銀メダリストとなりました。あまりに過酷なレースでゴール後に意識を失い、織田幹雄と南部忠平に介抱されたといいます。

　その後、人見は女性のスポーツ普及のためにつくし、国際大会、国内大会に出て休みない日々を送りました。1931年、この激務がたたって体をこわし24歳の若さで亡くなりました。短い生涯でしたが人見の功績は、その後の女子スポーツ選手たちに大きな希望をあたえました。

●第10回ロサンゼルス大会(1932年)

1932年7月30日〜8月14日
37か国・地域から1334人参加
16競技・117種目

◆水泳で活躍した日本の選手

　第10回ロサンゼルス大会は第3回セントルイス大会から28年ぶりにアメリカでおこなわれました。10万人の大観衆を収容するメインスタジアムが建設され、陸上競技に写真判定が導入されるなど技術の進歩がありました。

　日本からは131人が参加しました。結果は、金7個、銀7個、銅4個、そのうち12個は水泳で獲得したもので、世界に「水泳大国日本」をアピールしました。

　男子100m背泳ぎでは金、銀、銅メダルを独占、金メダルにかがやいた清川正二は1936年のベルリン大会でも100m背泳ぎで銅メダルを獲得し、戦後は国際オリンピック委員会(IOC)副会長となりオリンピック運動に貢献しました。

　200m平泳ぎでは鶴田義行がオリンピック2連覇を達成、競泳の800mリレーで日本チームは世界新記録で優勝しました。

　女子では200m平泳ぎで前畑秀子が日本の女子水泳選手で初の銀メダルにかがやきました。

◆田畑政治のオリンピックへの貢献

　水泳選手の活躍の裏には選手の指導に力をつくし、この大会で日本代表監督をつとめた田畑政治の大きな力がありました。田畑は1964(昭和39)年の東京オリンピック大会招致にも大きな役割をはたしました(2巻14ページ参照)。

　陸上競技では、南部忠平が三段跳びで金メダル、走り幅跳びで銅メダルを獲得し、西田修平が棒高跳びで銀メダルを獲得しました。

　馬術の障害飛越では西竹一が優勝しました。

　この大会は1931年に日本が起こした満州事変(26ページ参照)の翌年だったので、日本の

▲競泳の100m背泳ぎでメダルを独占した日本選手 清川正二(右)が金メダル、入江稔夫(中央)が銀メダル、河津憲太郎(左)が銅メダルにかがやいた。(PK)

▶陸上競技・男子三段跳びで優勝した南部忠平のジャンプ (PK)

選手たちに対する観客の眼はあたたかくありませんでしたが、水泳や陸上での目ざましい成績、馬術の西竹一の活躍の結果、観客の反日感情はやわらぎ日本選手団は声援を受けました。

人物ピックアップ 西竹一（1902～1945年）

名馬ウラヌスで馬術競技に優勝

◆少年のときから乗馬に親しむ

　西竹一は東京市（現在の東京都）の男爵（華族の位のひとつ、バロン）の家に生まれ、10歳のとき家をついで男爵となりました。

　1917年、広島陸軍地方幼年学校に入学、1921年、陸軍士官学校予科へ入校しました。華族として乗馬に親しんでいた西は陸軍の花形である騎兵を選び、1924年、士官学校を卒業すると、見習士官をへて陸軍騎兵少尉に任官しました。

◆名馬ウラヌスと出会い自費で購入

　1930（昭和5）年、軍務でイタリアに行ったとき、名馬ウラヌスに出会い購入しようとしましたが軍からは予算がおりず、自分で2000円（現在の約1000万円）を負担して購入しました。その後ウラヌスとともにヨーロッパの馬術大会に参加し好成績をあげました。

　ロサンゼルスオリンピック大会では馬術の障害飛越競技に出場し、失格者が出るなかで難コースをみごとに飛びこえて走りきり優勝しました。これは現在まで日本人の選手が馬術競技でメダルを獲得したただひとつの記録です。

　華族出身の西は「バロン西」とよばれロサンゼルスの社交界や在住の日本人などの人気を集め、のちにロサンゼルス名誉市民となりました。

▲ウラヌスに乗って障害を飛びこえる西竹一 （PK）

▶西竹一と愛馬ウラヌス

アジア・太平洋戦争中の1943年、西は陸軍戦車隊の連隊長となり、1944年、硫黄島（東京都）守備隊に加わり、1945年3月戦死しました。

○日本のメダリスト

陸上競技	男子棒高跳び	西田修平	銀
	男子走り幅跳び	南部忠平	銅
	男子三段跳び	南部忠平	金
		大島鎌吉	銅
競泳	男子100m自由形	宮崎康二	金
		河石達吾	銀
	男子400m自由形	大横田勉	銅
	男子1500m自由形	北村久寿雄	金
		牧野正蔵	銀

競泳	男子100m背泳ぎ	清川正二	金
		入江稔夫	銀
		河津憲太郎	銅
	男子200m平泳ぎ	鶴田義行	金
		小池禮三	銀
	男子800mリレー	宮崎康二、遊佐正憲、横山隆志、豊田久吉	金
	女子200m平泳ぎ	前畑秀子	銀
馬術	障害飛越	西竹一	金
ホッケー	男子ホッケーチーム		銀

当時の日本と世界

◆経済不況と農村凶作

　1923(大正12)年の関東大震災により首都圏の工場は打撃をうけて日本の経済は悪化し、1927(昭和2)年、28の銀行が倒産しました。

　1929年、アメリカの株価が暴落して世界中を金融恐慌がおそいました。日本もこの影響を受けて経済が混乱し多くの会社や工場が倒産しました。

　こうしたなかで農村もひどい状況になりました。1930年の大豊作で米があまって米価が暴落するという「豊作貧乏」となり、さらに翌年の冷害で大凶作になりました。

◆首相が狙撃される

　1930年11月、浜口雄幸首相が東京駅で狙撃されました。経済政策の失敗や日本がロンドン軍縮条約でアメリカやイギリスに対し弱い立場になったことが許せないという動機でした。

◆軍部が満州事変を起こし「満州国」を建国

　1931年9月18日、満州(中国東北部)に駐屯していた日本の関東軍は、南満州鉄道の線路を爆破し、これを中国軍の犯行として軍を送り満州各地を占領しました。これが満州事変です。

　1932年2月、関東軍は占領した満州各地の要人を集めて政権をつくらせ、国名を「満州国」とし中国からの独立を宣言させました。

◆血盟団事件、五・一五事件が起こる

　1932年、前大蔵大臣の井上準之助が暗殺され、さらに三井財閥の団琢磨が暗殺されました。犯人は血盟団という右翼団体の一員で、国家にとってよくない政治家、財閥などを暗殺しようと考えたのです。

　同年5月15日、海軍の青年将校が護憲運動を

▶凶作で食べるものがなく、大根をかじる子どもたち
(毎日新聞社)

▲山海関の万里の長城で日の丸の旗をかかげて万歳をさけぶ日本軍　山海関付近は日本軍にとって重要地だった。(毎日新聞社)

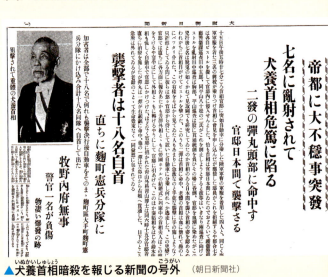

▲犬養首相暗殺を報じる新聞の号外　(朝日新聞社)

ささえてきた立憲政友会の犬養毅首相を暗殺し内閣は総辞職しました。こうして1924年から続いてきた政党政治が終わり、軍部が日本の政治を動かすことになっていきます。

◆ドイツではヒトラーのナチス政権が成立

ドイツは第一次世界大戦で敗北し、賠償金の支払いに苦しんでいました。そうしたなか、ナチス（国家社会主義ドイツ労働者党）が結成され、1921年、ヒトラーが党首となりました。

ヒトラーはたくみな演説でベルサイユ条約（16ページ参照）破棄や異民族のユダヤ人を追放することなどをうったえて国民の人気を集めました。

1933年1月ヒトラーは首相となり、ナチス以外の政党を禁止し独裁政権を確立しました。

▲ヒトラー（右）とイタリアの独裁者ムッソリーニ　（毎日新聞社）

◆日本、ついに国際連盟を脱退

満州事変が起こると中国（中華民国）は国際連盟に「日本は侵略行動をおこなっている」とうったえ、連盟は中国などに調査団を送りました。

その結果、1933年に開かれた国際連盟の理事会で「満州国」はみとめられず、満州から日本軍をひきあげさせるという勧告が賛成42反対1で可決されました。これに対し日本代表の松岡洋右は議場を退席、その後日本は国際連盟を脱退し、国際社会から孤立しました。

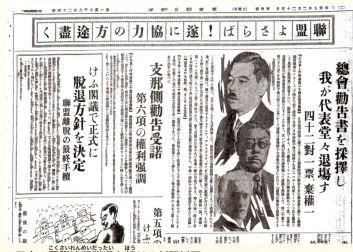
▲日本の国際連盟脱退を報じる新聞紙面　（朝日新聞社）

◆二・二六事件が起こる

1936（昭和11）年2月26日、陸軍の青年将校たちが約1400人の兵をひきいて決起し、首相官邸や政府要人の官邸などをおそい、内大臣、大蔵大臣などを射殺するという大事件が起こりました。青年将校たちは「国民が貧困にあえいでいるのに天皇の側近たちがはびこっている。これをあらためるには天皇が政務をとり国民と一体になるべきだ」とうったえました。

しかし、昭和天皇は側近の重臣たちが暗殺されたことに激怒し青年将校たちを「反乱軍」とみなしました。29日、反乱軍とされたことにおどろいた兵士たちは所属部隊にもどされました。

これが「二・二六事件」です。

この事件で内閣は総辞職し、軍部大臣現役武官制（陸海軍の大臣は現役の軍人から任命する）が復活しました。

▼決起部隊の兵士に向かい演説する青年将校　（共同通信イメージズ）

●第11回ベルリン大会（1936年）

1936年8月1日～16日
49か国・地域から3963人参加
21競技・129種目

▲ベルリンオリンピックの入場行進　先頭ではドイツの選手がかぎ十字の旗をかかげている。

◆ドイツの威信をかけた大会

　第11回オリンピック大会はドイツの首都ベルリンでおこなわれました。ドイツはヒトラーが独裁政権をきずいていました。はじめ、ヒトラーはオリンピック開催に否定的でした。しかし、ドイツの第一次世界大戦後の混乱からの復活をアピールするためにはオリンピックを利用するのが有効だと考え決定にふみきりました。しかし、アメリカがユダヤ人などの人種差別を指摘、国際オリンピック委員会（IOC）もこれを心配しました。そこでヒトラーは表向きにはユダヤ人を除外しないことにしました。その結果ヒトラー人気が高まり出場者はオリンピック史上最多となりました。ラジオは37か国に実況中継され、会場内でのテレビ放送も試みられました。

人物ピックアップ **アドルフ・ヒトラー**（1889～1945年）

オリンピックを成功させた独裁者

　ヒトラーは現在のオーストリア北部に生まれました。1914年、第一次世界大戦が起こるとドイツ軍に志願して伝令兵となり活躍しました。
　1919年、国家主義を唱えるドイツ労働者党（のちのナチス）に入党し、1921年、党首となりました。その後、ベルサイユ体制破棄、ドイツ至上主義、ユダヤ人排斥などをうったえて国民の支持をえました。1933年、首相に指名されると反対勢力を弾圧して独裁体制をきずき、その後景気を回復させてドイツを強国にしました。
　1936年、ベルリンオリンピックを成功させヒトラーの権威を世界中に知らしめました。
　1939年、第二次世界大戦を引きおこし、その後ユダヤ人の大量虐殺をおこないました。しかしソ連軍に敗れ1945年4月自殺しました。

◀オリンピック競技場にのぞむヒトラー
（ゲッティイメージズ）

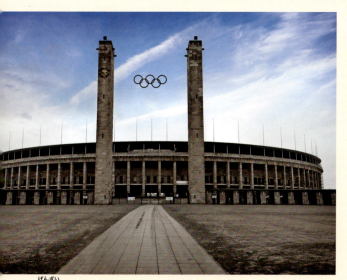
▲現在のベルリンオリンピックスタジアム

▲ジェシー・オーエンス　黒い弾丸とよばれて大活躍した。

◆黒人ジェシー・オーエンスの活躍

　ヒトラーはドイツの勢力をほこるため10万人収容の大規模なスタジアムを建設しました。

　大会の花形はアメリカの黒人ジェシー・オーエンスでした。陸上競技の100m、200m、走り幅跳び、400mリレーで世界記録を更新して優勝しました。オーエンスは、白人が優秀だというヒトラーの考えをくつがえしました。

◆聖火リレー

　ベルリンオリンピックでは近代オリンピック初の聖火リレーがおこなわれ、ギリシャからドイツまで7か国、全長3075kmを3075人の聖火ランナーが走りぬけました。これにはドイツ民族が古代ギリシャ文明を受けついでいると世界に印象づけるねらいもありました。

◆ベルリンオリンピック映画『オリムピア』

　映画『オリムピア』は1938年4月、ヒトラーのお気に入りだった女性監督レニ・リーフェンシュタールによって制作され、世界中で公開され映像の美しさで絶賛をあびました。しかし第二次世界大戦後、ナチス賛美の映画として批判されることになりました。

▲レニ・リーフェンシュタールの撮影風景（ゲッティイメージズ）

◀初めておこなわれた聖火リレー（ドイツ連邦公文書館）

▶映画『オリムピア』の日本での宣伝ポスター（1940年4月発売の雑誌『新映画』より/個人蔵）

29

ベルリン大会での日本選手の活躍

◆水泳と陸上で大活躍

　この大会に日本人選手は179人参加しました。結果は金メダル6、銀メダル4、銅メダル10という目ざましい成績でした。「水泳日本」は、ロサンゼルス大会につぎ多くのメダルを獲得しました。なかでも女子200m平泳ぎで日本人初の金メダルにかがやいた前畑秀子は日本中をわかせました。ドイツのゲネンゲル選手と大接戦となり、0.6秒差で勝利しました。このとき、ラジオの実況中継でNHKの河西アナウンサーが興奮のあまり「前畑がんばれ！」と23回も連呼したことは今も語りつがれています。

　陸上では田島直人が三段跳びで優勝し、織田幹雄、南部忠平に続き3連覇をなしとげました。マラソンでは朝鮮半島出身の孫基禎が優勝し日本にマラソン初の金メダルをもたらしました。日本は韓国を総治していたので孫は日本人として出場しました。棒高跳びでは西田修平が銀、大江季雄が銅メダルを獲得しました。

　この当時、不況が続き、二・二六事件（27ページ参照）が起こるなど世の中に重苦しさを感じていた日本国民にとって、日本人選手たちの活躍は明るい話題となりました。

人物ピックアップ

前畑秀子 (1914～1995年)
日本人女性初の金メダリスト

　前畑秀子は現在の和歌山県橋本市に生まれました。13歳のとき、100m平泳ぎで日本新記録を樹立しました。15歳のとき、前畑の能力に着目した椙山高等女学校（現在の椙山女学園）の校長のすすめにより同校に編入し、国内の水泳大会ではつねに優勝していました。16歳のとき、父と母を病気で失いますが周囲の人びとが前畑をささえました。

　18歳でロサンゼルスオリンピックに出場し、200m平泳ぎで2位の成績をあげました。

　ベルリンオリンピックで活躍を期待された前畑は4年間、2万mを目標にして昼夜泳ぎつづけ、オリンピックでは日本人女性ではじめて金メダルにかがやきました。

　前畑は引退後も後進を育てるいっぽうで水泳教室を開くなど子どもから老人まで指導をおこない日本の水泳界のために力をつくしました。

▲水泳女子200m平泳ぎでドイツのゲネンゲルを0.6秒差で下した前畑秀子の力泳　（椙山女学園歴史文化館）

▶優勝して観客にこたえる前畑秀子　（椙山女学園歴史文化館）

◀三段跳びで16mをとんで優勝した田島直人　（PK）

▲表彰台の孫基禎　朝鮮の新聞「東亜日報」は孫が日本人ではないことを主張するため孫の胸の日の丸を塗りつぶした写真を掲載した。そのため朝鮮総督府によって発刊停止の処分を受けた。左は銅メダルの南昇竜(PK)

◀マラソンでゴールする孫基禎 (PK)

◆棒高跳びで「友情のメダル」

　棒高跳びの決勝は雨と強風のなか、5時間にわたる激戦になりました。最後に残った4人のなかに、日本の西田修平と大江季雄がいました。アメリカのメドウスが4m35cmで金メダルが確定しました。西田と大江はともに4m25cmでしたが、疲労がはげしかったため2位決定戦はおこなわれず、1回目でとんだ西田が2位、2回目でとんだ大江が3位となりました。

　しかし2人とも2位だと思っていた西田はこの決定に不服でした。表彰式では「自分はロサンゼルスで銀メダルをとっているから銅でいい」といって3位の表彰台に立ち、大江を2位の表彰台に立たせました。

　帰国後、西田と大江は2つのメダルを半分に切ってつなぎあわせ、銀と銅2色のメダルをつくって2人で持つことにしました。これは「友情のメダル」とよばれ、2人のスポーツマンシップは今も語りつがれています。

▶棒高跳びで4m25cmをとんだ大江季雄 (PK)

◀友情のメダル　大江季雄のメダル　（秩父宮記念スポーツ博物館）

○日本のメダリスト

陸上競技	男子マラソン	孫基禎	金
	男子マラソン	南昇竜	銅
	男子棒高跳び	西田修平	銀
		大江季雄	銅
	男子走り幅跳び	田島直人	銅
	男子三段跳び	田島直人	金
		原田正夫	銀
競泳	男子100m自由形	遊佐正憲	銀
		新井茂雄	銅
	男子400m自由形	鵜藤俊平	銀
		牧野正蔵	銅
	男子1500m自由形	寺田登	金
		鵜藤俊平	銅

競泳	男子100m背泳ぎ	清川正二	銅
	男子200m平泳ぎ	葉室鉄夫	金
		小池禮三	銅
	男子800mリレー	遊佐正憲、杉浦重雄、田口正治、新井茂雄	金
	女子200m平泳ぎ	前畑秀子	金
芸術	水彩	鈴木朱雀	銅
	絵画	藤田隆治	銅

第2章 まぼろしのオリンピック

東京オリンピック開催に向けて

1928年のアムステルダムオリンピック大会で日本は43人の選手を送り、金メダル2個、銀メダル2個、銅メダル1個を獲得しました。この大会の日本選手団総監督で日本学生陸上競技連盟会長だった山本忠興は、日本でのオリンピック開催の可能性を考えました。

1929年、スウェーデンの国際陸上競技連盟会長のエドストロームが来日して山本と会談し、東京オリンピック開催について話しあいました。

1930年、山本はドイツで開かれた国際学生陸上競技選手権大会の総監督となり、ヨーロッパのスポーツ事情を調査するとともにスウェーデンのエドストロームに会いにいき、東京オリンピック招致に向けての考えを聞きました。

帰国後、山本は東京市長の永田秀次郎に会い「1940年は紀元2600年にあたる。この年の記念事業として東京でオリンピックを開催することは意義あるもので、関東大震災から復興したことをしめすためにも絶好の機会である」とうったえました。その熱意に永田市長が賛同しました。

▲オリンピック開催に努力した山本忠興
（早稲田大学大学史資料センター）

▲オリンピック開催をすすめた東京市長、永田秀次郎
（『第十二回オリンピック東京大会東京市報告書』1939年より）

人物ピックアップ　永田秀次郎（1876〜1943年）

東京オリンピック大会実現に努力

永田秀次郎は、現在の南あわじ市に生まれました。第三高等学校（現在の京都大学の前身）を卒業したのち三重県知事などをつとめ、1916（大正5）年、内務省（警察、土木、地方行政などを統括した省庁）の役人となりました。

1920年に東京市（現在の東京都）の助役（市長の補佐役）となり、1923年から1924年まで8代東京市長、1930年から1933年まで14代東京市長をつとめました。

関東大震災（1923年）後は市長として復興に力をつくし、1940年のオリンピックを東京に招致しようと熱心に活動しました。

まめ知識　紀元2600年

奈良時代に編さんされた歴史書『日本書紀』によれば、初代の神武天皇が即位したのは紀元前660年1月1日（現在の2月11日）とされる。

皇紀はこの年を第1年として経過年数を数える紀年法で、1940（昭和15）年は皇紀（紀元）2600年にあたるとされた。

しかし、紀元前660年は日本の歴史では縄文時代晩期（3000年前〜2500年前）にあたるので、神武天皇は架空の人物とされている。

東京市と大日本体育協会の思惑のちがい

東京市長永田秀次郎は東京オリンピック開催に向けて積極的に動きました。これに対し、嘉納治五郎のあとをついで大日本体育協会会長になった岸清一は乗り気ではありませんでした。

国際オリンピック委員会（IOC）委員であり、1924（大正13）年のパリオリンピックに日本選手団団長として参加した岸は、当時のヨーロッパのスポーツ事情を知り、日本のスポーツ界がおくれていることを実感し、開催するにはまだ時期が早いと考えていたのです。

東京がヨーロッパから遠いこと、宿泊施設の不足や通訳がいないこと、また、対立候補となるイタリアのローマでは競技場が完成し、熱心に招致活動をしていることもマイナスの情報でした。

◆嘉納治五郎が岸清一を説得

岸は、永田市長の協力依頼に耳をかしませんでした。こまった永田は朝日新聞社副社長の下村宏に岸の説得を依頼しました。下村は嘉納に相談し、岸を説得することになりましたが岸はオリンピックをよく知らない人びとが招致にのりだしていると反対しました。これに対し下村は東京でオリンピックを開催することが国際社会での日本の立場が優位になるとのべ、嘉納も参加の意義を熱心に語りました。先輩の嘉納と友人の下村の長時間にわたる説得の結果、岸はついに了解しました。

こうして1931（昭和6）年、東京市議会で「紀元2600年を記念し、帝都繁栄のためにオリンピック大会を東京に招致する」という議案が可決されました。東京市が主体となってオリンピック招致運動をおこなうことが決定されたのです。

◀第2代大日本体育協会会長、岸清一
（国立国会図書館）

◀岸記念体育会館（東京都渋谷区）日本スポーツ界に貢献した岸清一の遺言で建設された。現在は日本体育協会、日本オリンピック委員会ほか多くのスポーツ団体が入っている。（PK）

まめ知識　極東選手権競技大会

極東選手権競技大会は1913（大正2）年から1934（昭和9）年まで合計10回、フィリピンのマニラ、中華民国（中国）の上海、日本の東京、大阪で2〜4年ごとに開催された競技大会である。

第3回は1917年に東京市でおこなわれた。これは日本にとって初の国際的スポーツ大会となった。1934年、マニラで開催された大会中に開かれた会議で日本は「満州国」を参加させるように提案した。しかし中華民国が強く拒否したので大会はその後廃止されることになった。

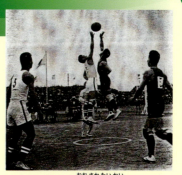
▲1923年、大阪大会でのバスケットボールの試合

嘉納治五郎、副島道正、杉村陽太郎の努力

　1932(昭和7年)年の第10回ロサンゼルス大会に日本は131名の選手を送り、金メダル7個、銀メダル7個、銅メダル4個という予想以上の成績をあげました。その結果、世界の人びとにスポーツがさかんな日本を印象づけ、満州事変(26ページ参照)を起こして悪化した対日感情をやわらげることになりました。

◆ IOC総会での嘉納治五郎のうったえ

　日本の国際オリンピック委員会(IOC)委員の嘉納治五郎と岸清一は、ロサンゼルス大会の直前に開催されたIOC総会に出席しました。
　東京市長の永田秀次郎は、嘉納に対しつぎのようなメッセージをたくしました。「1940年の第12回オリンピック大会の開催地として日本の東京が選ばれることを熱望する。それは西洋文化から誕生した近代オリンピックの理念が東洋に普及するだけでなく、建国以来2600年の歴史をほこる日本で開催することでオリンピック大会は大きく飛躍できる」というものでした。
　また、嘉納は「近代オリンピックは世界中の人びとが参加できるように始められたのだから、欧米だけのオリンピックであってはならない。欧米以外の国で日本ほど熱心にオリンピックに参加している国はない」とうったえました。

◆ エドストロームが東京大会に賛成

　いっぽうで東京市は5人の市会議員をロサンゼルスに送り、IOC会長のバイエ・ラツールら実力者と会談して東京大会開催を願いました。IOC委員で来日したこともあるエドストロームは東京大会に賛成しました。この総会で第12回オリンピック大会の開催地が3年後のIOCオスロ総会で決定されることになりました。

▲ロサンゼルス大会で入場行進する日本選手団(PK)

◀IOC委員嘉納治五郎
(公益財団法人講道館)

嘉納治五郎は全力をつくして東京オリンピック実現をめざしたんだね。

　開催地に立候補しているのは東京のほか、ローマ(イタリア)、ヘルシンキ(フィンランド)、バルセロナ(スペイン)、ブダペスト(ハンガリー)、ダブリン(アイルランド)、アレキサンドリア(エジプト)、ブエノスアイレス(アルゼンチン)、リオデジャネイロ(ブラジル)、トロント(カナダ)の9都市でした。各都市はさかんに招致運動をしていましたから、東京をふくめて大激戦になることが予想されました。

◆副島道正と杉村陽太郎の努力

1934(昭和9)年、前年に亡くなったIOC委員岸清一の後任に副島道正が選出されました。副島は翌1935年、ノルウェーのオスロでのIOC総会で東京オリンピック招致を成功させようと思いましたが事態は悲観的でした。というのも、有力候補のローマでは各競技場がほぼ完成し、ムッソリーニ首相が熱心に招致活動をおこなっていたからです。それにくらべて東京は準備不足でまったく不利でした。

そこで副島はローマに向かい、IOC委員でイタリア大使でもある杉村陽太郎とともにムッソリーニを説得しようと考えました。杉村は、副島が到着する前にムッソリーニと会見し「東京市の熱意を知ってほしい」とうったえました。するとムッソリーニは「ローマ招致はまだ決めたわけではない、考えてみよう」と友好的な態度を見せたので望みが出てきました。

◆副島の熱意にムッソリーニが辞退

1935年1月、ローマに到着した副島は流感による高熱をおしてムッソリーニ首相官邸を訪問しましたが肺炎を併発して重態になりました。それを杉村から聞いたムッソリーニは約束を守ろうとした副島の熱意に心を動かされます。

3週間後、危篤状態から脱した副島はムッソリーニと面会しました。副島は「日本に大会をゆずっていただけるなら、日本は1944年の大会がローマで開催されるよう努力します」と必死にうったえました。副島の熱意に動かされたムッソリーニはローマ辞退を約束し副島の手をかたくにぎりしめました。

◆1935年のIOCオスロ総会

1935年2月のIOCオスロ総会では、ローマ、ヘルシンキ、東京が有力候補でした。総会に出

▲IOC委員副島道正(『第十二回オリンピック東京大会東京市報告書』1939年より)

▲外交官杉村陽太郎(国立国会図書館)

▲ムッソリーニのローマ招致辞退を伝える新聞記事 「東京開催確実 副島伯と杉村大使の努力でローマ見合はす」の見出しがある。(朝日新聞社)

席した杉村(副島は病気のため帰国)は最有力だったローマが辞退すれば東京開催が決議されると考えました。結局ムッソリーニがイタリア辞退の命令を出したので、イタリアは開催を断念しました。12回大会の開催地決定は翌年のベルリンでのIOC総会にもちこされましたが、オリンピック東京開催はほぼ確実となりました。

東京市長永田秀次郎が発案してから5年、オリンピック招致は国をあげての運動となっていきます。

1940年のオリンピック東京大会決定まで

◆オリンピック大会招致委員会発足

1935(昭和10)年2月、オスロでおこなわれた国際オリンピック委員会(IOC)総会で、1940年のオリンピック大会を有力候補のローマが辞退したため、東京が最有力候補になりました。

これをうけてオリンピックの準備を進めるため同年12月、第12回オリンピック大会招致委員会が発足しました。

会長には公爵の徳川家達、委員には貴族院議長の近衛文麿、IOC委員の嘉納治五郎、副島道正、杉村陽太郎、永田秀次郎のあとをついだ東京市長牛塚虎太郎らが選ばれました。

◆バイエ・ラツールの来日

委員会の心配はIOC会長のバイエ・ラツールでした。ラツールは、杉村が、IOCにことわりなく直接ムッソリーニに働きかけたことに反感をいだいていました。しかし、前IOC会長のクーベルタンがラツールに対し日本のオリンピック開催への熱意を伝えて説得した結果、ラツールは誤解をとき東京開催支持へとかたむきました。

日本はベルギー大使館を通じてラツールに訪日をねがった結果、1936年3月、ラツールが来日しました。二・二六事件(27ページ参照)から約1か月後で東京にはまだ戒厳令がしかれていました。横浜港(神奈川県横浜市)に下りたったラツールを横浜市の小学生や一般市民がオリンピック旗、ベルギー国旗をふって歓迎しました。ラツールは「オリンピックに対する日本国民の理解をしめすもので満足している」と語りました。

◀日本オリンピック組織委員会会長、徳川家達(国際日本文化研究センター)

▼来日したIOC会長バイエ・ラツール(中央)の歓迎会　右端が嘉納治五郎(公益財団法人講道館)

ラツールは3週間ほど滞在し競技場などを視察しました。嘉納治五郎らオリンピック組織委員は歓迎会などを開いて盛大にもてなしたのでラツールは上機嫌で帰国しました。

まめ知識　日本初のプロ野球

1936年2月、東京巨人軍、大阪タイガース、名古屋軍、阪急軍など7球団で日本職業野球連盟が結成され、プロ野球リーグ戦が開催された。しかし日中戦争(44ページ参照)が始まってアメリカとの関係が悪化すると英米語の使用が禁止された。ストライクは「よし」ボールは「だめ」アウトは「引け」となった。1944年、アジア・太平洋戦争(53ページ参照)の戦局が悪化するなかプロ野球は中止された。

▲ベルリンのIOC総会に集まった各国の委員　左から3人目が嘉納治五郎、右端が副島道正、書類を持っているのがIOC会長バイエ・ラツール（毎日新聞）

▲ベルリンオリンピック開催中に日本委員の説明を聞くヒトラー（『第十二回オリンピック東京大会東京市報告書』1939年より）

◆とつぜん、ロンドンが立候補表明

1936年6月、IOC委員の副島道正はベルリンで開かれるIOC総会へ向かいました。嘉納治五郎も出発しましたが問題が起こりました。東京とヘルシンキの争いに、とつぜんイギリスのロンドンが立候補を表明したからです。第4回大会を開催したロンドンは強敵となります。

ロンドンに向かった副島はイギリスのオリンピック関係者たちに会い、立候補撤回をたのみましたが事態は好転しませんでした。こまった副島に助け舟を出したのがIOC会長のバイエ・ラツールで「アジアで初のオリンピックを開催するのは意義深いことだ」と明言しました。IOC会長の言葉にイギリスは方針を変更したので副島は安心してベルリンへ向かいました。いっぽう、東京市長牛塚虎太郎の部下たちはベルリンへ行ってヒトラーと会見し紋付羽織袴を贈りました。ヒトラーは東京支持を約束しました。

◆ベルリンのIOC総会で東京決定

1936年7月29日、IOC総会がおこなわれ、ロンドンは立候補を撤回しました。31日、開催地を選ぶ投票がおこなわれました。投票総数63票のうち東京36票、ヘルシンキ27票でした。

日本は、国際連盟を脱退して世界から孤立したこと、東京が遠隔地で国際航空路がないこと、日本の夏の猛暑など不利な点が多かったのですが、バイエ・ラツールやヒトラーの応援によってアメリカ、イギリス、ドイツ、イタリアなどが日本に投票しました。

東京オリンピック実現に精魂をかたむけた副島は東京決定に感動して泣いたといいます。

各新聞は「東京遂に勝てり」などの見出しで東京オリンピック開催を特報しました。

◀東京オリンピック大会決定を報じる8月1日付けの新聞（朝日新聞社）

37

▲東京オリンピック開催決定を喜ぶ東京市設案内所
(『第十二回オリンピック東京大会東京市報告書』1939年より)

オリンピック開催決定にわく日本

　オリンピック東京開催決定の報告を受け、東京市長の牛塚虎太郎は「多年の宿望がついに達成した」と喜びました。前市長の永田秀次郎が1930(昭和5)年に東京オリンピック招致を決意してから6年後のことでした。

　首相の広田弘毅は「世界各国のわが国に対する正しい理解の結果と考えられ、本懐(本来の望み)のいたりだ」と語りました。広田内閣の拓務大臣(植民地統治・監督などをおこなう大臣)になっていた永田秀次郎も招致決定に「ゆかいだ」といってたいへん喜びました。

　東京市では8月3日から3日間にわたり花火の打ち上げ大会がおこなわれ、各地で講演会や音楽会など祝賀のもよおしが開かれました。

　東京はいうまでもなく日本中がオリンピック招致にわきかえり、国をあげてのオリンピックブームがわきおこりました。

▲東京オリンピック開催決定を記念して発行された電車往復乗車券(秩父宮記念スポーツ博物館)

◀東京オリンピック開催決定を記念して発行された市営自動車乗車券　左の電車の券と同じデザインで文字だけが変えてある。(秩父宮記念スポーツ博物館)

◆オリンピック開催記念のさまざまな商品

このブームにのってオリンピック開催を記念するさまざまな関連品が売り出されました。

市電の電車往復乗車券、市営自動車乗車券、動物園の入場券、オリンピックを題材にした映画や主題歌のレコード、オリンピックマークのついた湯のみやレコード針のケース、年賀状、清酒の広告にもオリンピックを記念した懸賞がつきました。

▲湯のみ　五輪マークや「2600TOKYO」の文字がデザインされている。（昭和館）

◀五輪マークがデザインされたレコード針のケース（昭和館）

▲1938年公開の映画『青春オリムピック』の主題歌レコードの宣伝ポスター　わきおこるオリンピックブームにのって「青春オリムピック」は流行語になった。（昭和館）

オリンピックに関連したいろいろな商品が発売されたんだね。

▲五輪マークがデザインされた1937年1月の年賀状　オリンピックを待望するという文章があり、最後の日付は皇紀二五九七年元旦となっている。（昭和館）

▲清酒の広告チラシ　キンシ正宗という酒造会社がオリンピック大会を記念し、懸賞により「特製オリンピック型電気スタンド」を贈呈するとある。（昭和館）

オリンピックの宣伝―ポスターやガイドブック

　東京オリンピックの公式マークやポスターは公募で決められることになりました。マークは応募総数約1万2000点の中から大阪大丸宣伝部のデザイナー廣本大治の作品が1等に選ばれました。

　ポスターは応募総数約2000点のなかから1等から3等までの入選作が決まりました。1等は京都の松坂屋宣伝部のデザイナー黒田典夫の作品でした。しかし問題が起こりました。黒田の作品は神武天皇をえがいたものでしたが、内務省図書検閲課から「天皇をポスターに使うことは不可である」という命令が出たのです。結局2等以下の作品も使われなくなりました。

　この事態にあわてた組織委員会は、公式マークの審査委員だった洋画家の和田三造に依頼し、和田がポスターを完成させたので困難をのりこえることができました。

　また、オリンピックを宣伝するシールや海外向けガイドブックなどもつくられました。

▲東京オリンピックの懸賞募集1等入選作（黒田典夫作）　神武天皇をえがくのは不可とされ、取り消しとなった。（『報告書　第十二回オリンピック東京大会組織委員会編』1939年より）

▲オリンピックの公式マーク　中央上が1等になったマーク（『報告書　第十二回オリンピック東京大会組織委員会編』1939年より）

▶和田三造作ポスター　最終的に公式ポスターに決定された。しかし、印刷されることはなかった。（『報告書　第十二回オリンピック東京大会組織委員会編』1939年より）

▲東京オリンピックの懸賞募集3等入選作ポスター
(『報告書 第十二回オリンピック東京大会組織委員会編』1939年より)

▲オリンピック東京大会のシール
(『報告書 第十二回オリンピック東京大会組織委員会編』1939年より)

▲オリンピックのガイドブック 日本を紹介するため海外向けに製作された。(秩父宮記念スポーツ博物館)

▲オリンピック東京大会ドイツ語版プログラム オリンピックの会期や施設などを紹介した。英語版やフランス語版もつくられた。(秩父宮記念スポーツ博物館)

五輪まめ知識　オリンピックテレビ放送をめざした高柳健次郎

　浜松高等工業学校(現在の静岡大学工学部)の助教授だった高柳健次郎は無線遠視法(テレビジョン)の研究をはじめ、1926(昭和1)年12月25日、ブラウン管による電送・受像を成功させました。画像はカタカナの「イ」でした。

　1933年、アメリカで開発されたアイコノスコープという画期的な電子管を研究し、1935年、鮮明な映像を映すことに成功しました。

　翌1936年のベルリンオリンピックでは会場内で不鮮明ながらテレビ中継がおこなわれました。

　1937年、日本放送協会(NHK)は東京オリンピックをテレビ中継することに決め、第一人者の高柳をNHKの技術研究所にまねきました。

　1938年、高柳たちの研究により東京オリンピックのテレビ放送の方式は走査線(画面を構成する線)441本と決定されました。ベルリンでは走査線180本でしたから東京オリンピックでは精細な映像が期待できました。しかし1938年、日中戦争(44ページ参照)により東京オリンピックは中止となり、テレビの研究も中断されました。戦後、高柳はテレビの技術を開発し「テレビの父」とよばれました。

▲高柳健次郎と高柳が開発したテレビカメラ(静岡大学高柳記念未来技術創造館)

▶ブラウン管に写った「イ」の字(静岡大学高柳記念未来技術創造館)

競技場建設に向けて

◆オリンピック組織委員会が発足

　1936(昭和11)年秋、東京オリンピック開催準備委員会が発足しましたが問題が起きました。大日本体育協会(体協)が東京市に相談しないで委員の人選をおこなったのです。怒った東京市長牛塚虎太郎は協力に消極的でした。ベルリンから帰国した嘉納治五郎は日本のためだと牛塚を説得しました。

　いっぽう、陸軍は「建国2600年の日本を世界に知らしめる。お祭りさわぎはやめ、国民鍛錬の場とする」と言明しました。

　同年12月、東京市、体協、軍部は対立をこえ、挙国一致(国民全体が目的に向かって同一の態度をとること)で進めるということでオリンピック組織委員会が発足しました。会長には国際オリンピック委員会(IOC)委員の徳川家達、副会長は牛塚虎太郎、体協新会長大島又彦、委員には嘉納治五郎、副島道正、東京市会議長、体協副会長、陸軍次官が決定されました。

◆競技場の選定

　まず、メインスタジアムや主要競技場建設の場所として隅田川河口の月島埋立地が計画されましたが、風が強く競技に支障が出るというので反対されました。副島道正は明治神宮外苑(新宿区)で12万人収容の大競技場、水泳競技場、球技場を建設する私案を発表しました。こ

開催予定日	1940年9月21日〜10月6日
開催予定競技	陸上・競泳・水球・サッカー・ボート・ホッケー・ボクシング・体操・バスケットボール・レスリング・セーリング・ウェイトリフティング・自転車・馬術・フェンシング・射撃・近代五種・芸術　公開競技(柔道・野球)

▲オリンピック会場決定を報じる新聞記事　神宮外苑は内務省の反対で中止となった。(東京日日新聞1937年2月24日付より)

れには内務省神社局が自然景観上、管理上などの問題から工事に反対したので建設はむずかしくなりました。ほかに代々木(新宿区)、品川(品川区)、駒沢(世田谷区)などが候補地にあがりましたが、代々木は練兵場があるので陸軍が反対しました。

　1938年5月、広大な駒沢ゴルフ場に11万人収容のメインスタジアムを建設することになり、芝浦に自転車競技場、戸田(埼玉県)にボート競技場(漕艇場)、横浜(神奈川県)にヨットハーバーがつくられることなどが決まりました。

▼神宮外苑競技場改造模型　(『報告書　第十二回オリンピック東京大会組織委員会編』1939年より)

▲駒沢オリンピック競技場配置図　右がメインスタジアムで左が水泳競技場（『報告書　第十二回オリンピック東京大会組織委員会編』1939年より）

▲1939年の駒沢ゴルフ場　（『報告書　第十二回オリンピック東京大会組織委員会編』1939年より）

▲駒沢オリンピック公園総合運動場　1964年の東京オリンピック大会のとき、駒沢運動場の各施設では、サッカー、バレーボール、レスリング、ホッケーがおこなわれた。

▲戦前の戸田漕艇場　1940年ごろ　（探険コム）

▲最近の戸田ボートコース　（PK）

▲1940年オリンピック東京大会各競技場予定地

❶オリンピックスタジアム　❷水泳競技場　❸オリンピック村　❹馬術競技場　❺村山射撃場　❻神宮水泳競技場　❼神宮スタジアム　❽神宮屋外競技場　❾神宮球場　❿国立博物館　⓫室内競技場　⓬日比谷公会堂　⓭芝公園スタジアム　⓮芝浦ホール　⓯芝浦サイクリングスタジアム　⓰国技館競技場　⓱戸田漕艇競技場　⓲戸田橋　⓳ヨットハーバー

1938年発行の『XII Olympiad Tokyo 1940』に掲載された地図をもとに簡略化。

43

1937年～1940年の日本――日中戦争が始まる

◆盧溝橋事件

　1931(昭和6)年に満州事変(26ページ参照)を起こして「満州国」を建国した日本は1933年、国際連盟総会で「満州国」が否決されると国際連盟から脱退して世界から孤立しました。

　その後、日本の軍部は支配地域を拡大しようとし中国(中華民国)軍と対立しました。

　こうした緊迫状勢のなか、1937年7月7日、北京郊外の盧溝橋で事件が起こりました。夜間演習をおこなっていた日本軍に銃弾がうちこまれたというので日本軍が出動し中国軍と交戦しました。しかし陸軍の参謀本部が不拡大方針をだしたので一時は停戦協定が結ばれました。ところが、日本の近衛文麿内閣は中国への派兵を決定しました。

◆日中全面戦争に突入

　7月25日、北京郊外で日中両軍が衝突、30日、

▲盧溝橋事件を報じる新聞記事
中国軍の馮部隊が盧溝橋で日本軍に突如発砲し日支(日本と中国)両軍が交戦したという見出しがある。(毎日新聞社)

日本軍は北京を占領しさらに進軍しました。これに対し中国国民党の蒋介石は、対立していた中国共産党の周恩来と手を結び、全国に動員令を出して日本軍と戦うよう命じました。

　こうして、日本軍は中国国民党軍、中国共産党軍と戦うこととなりました。日中戦争はその後8年間も続く全面戦争となりました。

◆南京事件が起こる

　1937年12月、日本軍は中国の首都南京をせめて占領しました。日本軍の兵士は中国軍の敗残兵を探すという口実をもうけて戦うなかで、女性や子どもをふくむ民間人や捕虜を多数殺害したといわれます。これが南京事件(南京大虐殺)です。犠牲者の人数は、数万人から20万人までとさまざまな説があります。いっぽうで虐殺はなかったという説もあります。

　現在明らかになっているのは、安全区とよばれる地域にかくれていた中国軍兵士を探して処刑したこと、南京占領後、日本軍の風紀や軍規がみだれ、一部の兵士が市民への暴行や略奪をおこなったことです。これを知った司令官の松井大将ははげしく怒り罰するように命じました。

▲南京占領後、中国軍兵士を逮捕し、連行する日本軍　(毎日新聞社)

◆日独伊の軍事同盟

日中戦争が起こる前年の1936（昭和11）年11月、日本は独裁者ヒトラーのひきいるドイツと反共産主義をかかげた日独防共協定を結び、翌年11月、全体主義をかかげるファシスト党をひきいたムッソリーニのイタリアが参加して日独伊防共協定が成立しました。これを発展させたのが1940年9月に結ばれた日独伊三国同盟です。「アメリカ、イギリス、フランスが中心の世界から、日本、ドイツ、イタリアが中心となって新しい世界を建設しよう」というもので、同盟国が攻撃されたとき軍事援助をするという軍事同盟でした。

アメリカやイギリスは三国同盟を非難し、日本との関係は悪化しました。

▲日独伊三国同盟調印の祝賀会　松岡外相（中央）があいさつをしている。（毎日新聞社）

◆挙国一致体制になった日本

日中戦争のさなかの1937年8月、近衛文麿首相は「国民精神総動員運動」を始め、国民の戦争に対する意識を高めようとしました。

翌1938年2月には総力戦にそなえ、すべての人的、物的資源を政府が運用できることを定めた「国家総動員法」が提出されました。これに対し政党や経済界は反対しましたが、近衛首相は軍部の圧力を背景に強引に審議を進め法案は5月に施行されました。この法律で政府は議会の承認なしに国民を動員し、企業の生産などを管理・統制できるようになりました。

1939年7月、国民徴用令が出され、国民を強制的に動員して軍需工場などで働かせることができるようになりました。

1940年、総力戦を進めるための大政翼賛（政治を補佐すること）会が近衛首相を総裁として発足しました。

時勢をみた立憲政友会、立憲民政党などは解散して翼賛会に合流しました。その結果、政党政治は終わりとなり、議会は戦争遂行のため政府や軍部に協力することになりました。

▲国民精神総動員大演説会で演説する近衛文麿首相　「挙国一致」などのスローガンがかかげられている。（毎日新聞社）

▶近衛文麿首相　（国立国会図書館）

戦争中の国民のくらし

◆**国家総動員法が出される**

1938（昭和13）年に成立した国家総動員法は国民の生活を犠牲にしても中国との戦争に勝つために出された法律でした。日本中が戦時色につつまれ、さまざまな規制がしかれました。

1941年にアジア・太平洋戦争（53ページ参照）が始まると物質や人員の統制はますますきびしくなりました。

◆**戦争に勝つための国民生活**

まず、電力が国家の管理となり工場の電力使用量が統制されました。食料が不足してくると、米、食塩、みそ、しょう油などが、配給制や切符制になって自由に売買することができず、衣料品などの日用品にもおよびました。

石油は軍事に使用されたので車の燃料はガソリンから石炭にかわり、やがて木炭で走る木炭自動車が工夫されました。軍事用に使う金属が不足すると、一般家庭からなべやかまが国に供出させられました。

成人男子が徴兵されて戦争に出かけると、軍需工場は人手不足になり、それをおぎなうために学生や女性が工場で働くことになり、やがて中学生や女学生まで動員されました。

戦時下の国民は「ほしがりません、勝つまでは」の標語のもと質素な生活にたえ、防空訓練にはげみました。

○**戦時下の生活統制**

1938	綿糸に初の切符制を実施する。
1938	木炭自動車があらわれる。
1939	鉄製品の回収が始まる。
	ネオンが廃止される
	パーマネントが禁止になる。
	外国映画の上映が制限される。
1940	東京市内に「ぜいたくは敵だ」の標語が出る。
	ダンスホールが閉鎖される。
	砂糖・マッチが切符制になる。
1941	米が配給制になる。
	金属類が回収される。
	乗用車のガソリン使用が禁止される。
1942	みそ・しょう油が切符制になる。
	衣料が点数切符制になる。
1944	学童の集団疎開が始まる。

▲**1940年の銀座通り**　「日本人ならぜいたくは出来ない筈だ！」と書かれた看板が立てられている。（日本近代史研究会）

戦争中のくらしは年をおうごとにきびしくなっていったんだ。

▲**金属献納** 軍需物資の原料にするため、家庭のなべ、やかんから寺の鐘までが供出させられた。（毎日新聞社）

▲**配給所にきた人びと** 米、みそ、しょう油、塩、砂糖、小麦粉、野菜、魚介類などが配給制だった。（毎日新聞社）

▲**勤労動員された少年たち** 国内の労働力不足をおぎなうため、国民学校（小学校）を卒業した少年たちも兵器製造工場などで働いた。（毎日新聞社）

▲**模擬家屋での防空・消火訓練** 空襲の被害をできるかぎり少なくするために町内の人びとを動員しておこなわれ、手押しポンプやバケツの水で火事を消そうとした。しかし、現実にはほとんど役にたたなかった。（毎日新聞社）

▲**戦時色のこい初等科国語教科書の表紙と本文**　「ヘイタイサン ススメ ススメ」などと記されている。（毎日新聞社）

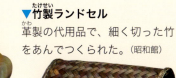
▼**竹製ランドセル**
革製の代用品で、細く切った竹をあんでつくられた。（昭和館）

▲**陶製アイロン**
鉄アイロンの代用品で、中に熱い湯を入れて使用した。（昭和館）

ついにオリンピック東京大会を返上！

◆国内で政府や軍部に反対論起こる

1937(昭和12)年に起こった日中戦争は蒋介石のひきいる中国軍と毛沢東のひきいる中国共産党軍が徹底抗戦のかまえで日本軍と戦いました。1938年、近衛首相は「蒋介石の国民政府を相手にせず」と声明し和平の道をとざしました。

国際オリンピック委員会(IOC)委員の副島道正は、IOC会長のバイエ・ラツールに手紙を送り「戦争が長期化し、資金や物資不足で準備が進まない」と悲観的な状況を伝えました。

衆議院議員の河野一郎は「一部の国民が戦争をおこない、一部の国民がオリンピック準備をするのはむり」と中止を求め、近衛首相も「戦争が続くかぎり開催できない」と表明しました。

また、はじめは開催に賛成していた陸軍も態度を変化させ、陸軍の馬術競技への参加中止を決定しオリンピック中止を求めました。

◆嘉納治五郎の信念と突然の死

日本でのオリンピック開催があやぶまれるなか、なんとしても東京開催をねがう嘉納治五郎は、1938年3月、IOCのカイロ(エジプト)総会に77歳の老体をおして出席し「日本で開催しないという理由がない」とうったえました。IOC会長のラツールは、東京大会のおかれている状況のきびしさを指摘しました。総会は問題の残るまま終了しましたが、東京開催は承認され嘉納は胸をなでおろしました。その後帰国の途につきましたが急性肺炎にかかり、太平洋上の氷川丸船内で亡くなりました。たまたま同じ船に乗りあわせ嘉納と親交を深めた外交官の平澤和重は、戦後の東京オリンピック招致に大きな役割をはたすことになります(2巻13ページ参照)。

◀オリンピック開催に反対した河野一郎議員 (毎日新聞社)

▼氷川丸船上の嘉納治五郎 (公益財団法人講道館)

▲1938年5月6日、横浜港で氷川丸からおろされる嘉納治五郎の亡骸 (毎日新聞社)

◆国内、国外からの大会返上論

　国家総動員法が出された1938年5月、近衛内閣は戦争遂行の目的以外の需要をおさえ、「戦争遂行に必要のない土木建築工事は現在着手中のものといえども中止する」と決定しました。

　さらに陸軍大臣の杉山元は「日中事変は長期にわたる国家総力戦の段階にある。競技施設は資材統制のため建設中止」と言明しました。

　6月になると日中戦争が続く事態を重くみたIOCは日本のオリンピック組織委員会に開催辞退をうながしてきました。イギリスやフィンランドから中止をもとめる声が起こり、アメリカが参加ボイコットを表明しました。

◆副島道正が返上を決断

　日本は苦境にたたされました。7月14日、中国との和平実現の見通しがまったくないと考えたIOC委員の副島道正は、東京オリンピック組織委員会、東京市に相談せずに独断で中止を判断し「日本一評判の悪い男」となることを覚悟して厚生大臣の木戸幸一に会いました。木戸は「時局をみればやむをえない」と中止を決定しました。

　翌15日、政府の閣議でオリンピック返上が決定されました。組織委員会にとっては寝耳に水のできごとで、独断した副島は非難されました。

　7月16日、IOCは東京開催返上を受けいれ、バイエ・ラツールは「残念なことだが時宜をえた放棄だ」と表明しました。

　こうして東京のかわりにヘルシンキが開催地と決定されましたが1939年、第二次世界大戦が起こり、ソ連がフィンランドに侵攻したので中止となりました。

◀「鉄材を削る大蔵省」の見出しのある1938年6月25日付けの新聞記事
（読売新聞社）

ついにオリンピックは戦争のため中止になったんだ。

▲万国博覧会延期、オリンピック大会中止を報じる1938年7月15日付けの新聞記事　オリンピックを期待していた日本国民はおおいにおどろいた。（朝日新聞社）

49

まぼろしのオリンピックメダル候補者

◆活躍の場をうばわれた選手たち

　ベルリンオリンピック大会で日本選手は金メダル6個、銀メダル4個、銅メダル10個というかがやかしい成果をあげました。メダリストとなった選手たちは1940(昭和15)年の東京オリンピックでも好成績をあげることが期待されました。しかし中止となったため選手たちは涙をのみました。

　ほかにも活躍が期待された選手がいました。

◆マラソンの村社講平

　宮崎市出身の村社は中学校時代からマラソンの練習にうちこみました。列車と競争したこともある、というエピソードがあります。1932年、中央大学に入り、箱根駅伝などで活躍しました。1936年、ベルリンオリンピックに参加し、5000mでは4位でした。10000mではフィンランドの選手たちとデッド

▲1936年のベルリンオリンピック大会の陸上競技1万m決勝で力走する村社講平
結果は4位、5000mも4位だった。(毎日新聞社)

ヒートをくりかえし、最後の1周でぬかれ、おしくも4位でした。観客は小柄な村社の力走に感動し、おしみない声援を送りました。

　村社は31歳でしたが、まだまだ走れるという自信があり、練習にはげんで毎週のようにレースに出て東京オリンピックにそなえましたがその夢は実現しませんでした。

◆「暁の超特急」とよばれた吉岡隆徳

　島根県に生まれた吉岡は100m競争に才能をあらわし、東京高等師範学校(現在の筑波大学)に進学して1930年、朝鮮で開かれた競技会で10秒7を記録し、1931年には10秒5の日本新記録を出しました。期待された1932年のロサンゼルスオリンピックでは男子100mに出場し、決勝に進出し6位に入賞しました。世界でもトップレベルの走りを見せた吉岡は「暁の超特急」とよばれました。

▲吉岡隆徳　ロサンゼルス大会の陸上競技・100m決勝に進出したが6位に終わった(毎日新聞社)

◆競泳・自由形の加藤茂

香川県出身の加藤(旧姓宮本)は、早稲田大学に入って水泳部で能力を発揮しましたが、全盛期は1939年から1941年にかけてでした。日本学生選手権水泳競技大会や日本選手権水泳競技大会に出場、めざましい成績をあげました。

1940年、東京の明治神宮プール(新宿区)でおこなわれた第19回日本学生選手権では200m自由形と400m自由形で優勝し、800mリレーでも優勝しました。もし1940年の東京オリンピック大会に出場していたらメダリストになった可能性が高かった選手でした。

◆フィギュアスケートの稲田悦子

大阪市出身の稲田は8歳のときからスケートを始めて才能をあらわし、1935年、全日本フィギュア選手権に優勝。翌年、12歳のときドイツで開かれた冬季オリンピックに出場して26人中10位という成績で世界のスケート界にその名を知られ「将来は稲田の時代になる」といわれました。その年に開かれたパリのフィギュア世界選手権大会にも出場し10位となりました。

その後、1937年から1941年まで全日本選手権女子シングルで5連覇をなしとげました。

1940年には東京オリンピックとともに札幌で冬季オリンピックが開催される予定でしたが中止になったため、2度目のオリンピック出場の機会は失われました。

◀加藤茂 1940年9月、明治神宮プールでおこなわれた水泳競技大会の400m自由形で優勝したときの写真。(名古屋スイミングクラブ)

◀稲田悦子 1936年、ドイツのガルミッシュ・パルテンキルヘン冬季オリンピック大会に出場した。男子フィギュアスケートで優勝したオーストリアのシェーファー選手と練習中の稲田。(毎日新聞社)

五輪まめ知識　戦死した選手たち

日中戦争、アジア・太平洋戦争がはげしくなるなかで、オリンピックに参加した選手たちも陸軍や海軍に入隊し戦地へ向かった。その結果、35名が中国、東南アジア、太平洋の島々で戦死したがそのなかに7名のメダリストがいた。

第10回ロサンゼルス大会の金メダリスト西竹一(馬術・障害飛越。25ページ参照)、銀メダリストの河石達吾(競泳・100m自由形)の2人は激戦地となった太平洋上の硫黄島で戦死した。金メダリストの横山隆志(競泳400m自由形、800mリレー)は内地で戦病死した。ホッケーで銀メダリストとなった中村英一は内地で戦死、柴田勝巳は中国で戦死した。第11回ベルリン大会の銅メダリスト大江季雄(陸上競技・棒高跳び)はフィリピンのルソン島で戦死した。金メダル(競泳・800mリレー)と銅メダル(競泳・100m自由形)を獲得した新井茂雄は、ビルマ(現在のミャンマー)のインパールで戦死した。

勝つ見こみのない無謀な戦争にかりたてられた前途有望な選手たちは戦争の犠牲者になった。

1940年の日本―紀元二千六百年奉祝式典行事

日本は1938(昭和13)年に東京オリンピック大会を返上し、全国民を総動員して中国(中華民国)との戦争につきすすみました。1939年、国家予算に対する軍事費は約70パーセントにもなりました。そんななか、東京オリンピック開催予定だった1940年、紀元2600年(32ページ参照)を祝う行事がおこなわれました。

日本が2600年の歴史をもつ偉大な国であることを国内外にしめすとともに、日中戦争による物資統制などで生活が苦しくなっている国民の憂鬱な気分を晴らそうとする意図もありました。2月11日、全国の神社で大祭がおこなわれ、その後展覧会や体育大会が各地で開催されました。

11月10日、皇居前広場で昭和天皇臨席のもと式典が開催され祝賀気分がもりあがりました。しかし、祝賀行事が終わったあと「祝い終わった、さあ働こう」というポスターが出まわりました。お祭り気分は消え、国民生活はますますきびしくなっていきました。

◆紀元二千六百年奉祝東亜競技大会

東亜競技大会は、極東選手権競技大会(33ページ参照)を受けついだもので、二千六百年記念行事のひとつとして、また1940年の東京オリンピック大会返上にかわる大会として6月におこなわれました。

日本、「満州国」、中華民国(日本がみとめた臨時政府)、フィリピン、ハワイ(移民)、モンゴルが参加し700人あまりが出場しましたが、ほとんどの競技で日本の選手が優勝しました。

10月、体力向上の祭典として興亜厚生大会が大阪市で開かれました。9月に結ばれた日独

▲紀元二千六百年をいわう横浜(神奈川県横浜市)の市民たち
「一億一心」などの標語が見られる。(昭和館)

伊三国同盟の直後で、ドイツ、イタリア、「満州国」、中華民国(臨時政府)、タイ、フィリピン、インド、モンゴルなどファシズムに賛成する国が参加しました。国民の心身鍛錬を目的とするという名目でしたが日本の国力をしめすという意図もありました。

▼東亜競技大会男子100m決勝のゴール場面
優勝者は吉岡隆徳。(1940年『東亜競技大会報告書』大日本体育協会発行より)

1941年―アジア・太平洋戦争が始まる

▲日本軍のハワイ真珠湾攻撃　日本海軍の連合艦隊攻撃機がハワイのアメリカ太平洋艦隊をおそった。炎上しているのはアメリカの戦艦ウェスト・バージニア(AFP=時事)

　日中戦争(44ページ参照)が長びき、日本は行きづまっていました。アメリカから経済制裁を受けた日本は、戦争に必要な石油やゴムなどの資源を確保しようと1941(昭和16)年7月、現在のインドシナ半島東部に侵攻しました。これに対して8月、アメリカは日本への石油輸出全面禁止を打ちだしました。輸入軍需物資の8割をアメリカにたよっていた日本にとって大きな打撃でした。

　11月26日、アメリカは「中国全土とインドシナ半島からの日本軍撤退、日独伊三国同盟の否認」を要求しました。これは日本にとって受けいれられるものではありませんでした。

　1941年12月1日、天皇が臨席した御前会議で政府と軍部はアメリカ・イギリスとの戦いを決定しました。12月8日、日本海軍はハワイ(アメリカ)の真珠湾を奇襲攻撃し、アメリカ軍の戦艦8隻を撃沈、大破するなどの戦果をあげ、アジア・太平洋戦争が始まりました。

　市民をふくむ2000人以上の死者を出したことを知ったアメリカ国民は「真珠湾をわすれるな」を合い言葉にして日本への戦意を高めました。

　その後、日本は東南アジアや太平洋の島々でアメリカ・イギリス軍と戦いましたが1942年なかばから戦況が悪化して各地で敗北しました。1945年3月、アメリカ軍の東京大空襲で10万人の死者を出し、8月、広島と長崎に原子爆弾が落とされ、21万人の死者を出すという悲惨な事態が起こりました。

　8月15日正午、ついに天皇自らが日本の降伏を伝えるラジオ放送が全国に流れ、戦争が終結しました。

さくいん

あ行

IOCオスロ総会	34,35
『赤い鳥』	17
暁の超特急	50
アジア・太平洋戦争	15,25,36,46,51,53
アテネ大会	6
アドルフ・ヒトラー	27,28,29,37,45
アムステルダム大会	22
アントワープ大会	7,18
稲田悦子	51
犬養毅	26
牛塚虎太郎	36,37,38,42
運動会	9
映画	21
エドストローム	32,34
大江季雄	30,31,51
織田幹雄	22,23,30
『オリムピア』	29
オリンピア	4
オリンピズム	4,7
オリンピック憲章	4
オリンピックのマーク	7

か行

活動写真	21
加藤茂	51
金栗四三	10,12,13,15
嘉納治五郎	10,12,14,15,33,34,36,37,42,48
カレーライス	20
関東大震災	19,20,26,32
紀元2600年	32,33,52
紀元二千六百年奉祝式典行事	52
岸清一	33,34,35
清川正二	24
極東選手権競技大会	33,52
挙国一致	42,45
ギリシャ	4,8,11,29
金属献納	47
金融恐慌	26
勤労動員	47
熊谷一弥	18
軍部大臣現役武官制	27
血盟団事件	26
原子爆弾	53
憲政擁護	17

五・一五事件	26
高校野球	17
河野一郎	48
国際オリンピック委員会（IOC）	4,6,7,8,33,34,36,42,48
国際女子競技大会	18,23
国際連盟	16,27,37,44
国民徴用令	45
古代オリンピック	4,5
国家総動員法	45,46,49
後藤新平	19
近衛文麿	36,44,45
駒沢オリンピック競技場	43
駒沢ゴルフ場	42,43
米騒動	16
五輪ブーム	38,39
コンドル	17

さ行

三国協商	16
三国同盟	16
ジェシー・オーエンス	29
児童文学	17
シベリア出兵	16
シャーロット・クーパー	8
柔術	14
柔道	14,15
昭和天皇	27,52,53
神武天皇	32
杉村陽太郎	35,36
杉山元	49
鈴木三重吉	17
スタディオン走	5,18
ストックホルム大会	10
スピリドン・ルイス	6
相撲	5
聖火リレー	29
政党政治	17,26
全国中等学校優勝野球大会	9,17
戦車競走	5
選手宣誓	18
セントルイス大会	8
副島道正	35,36,37,42,48,49
孫基禎	30,31

た行

第一次世界大戦	16,18,20,27,28
大正デモクラシー	17
大政翼賛会	45
第二次世界大戦	28,29,49

大日本体育協会	15,33,42
当麻蹴速	5
高石勝男	22
高柳健次郎	41
竹製ランドセル	47
田島直人	30
辰野金吾	17
田畑政治	24
タルボット主教	9
地下鉄	21
蒋介石	44,48
周恩来	44
中華民国	27,33,44,52
中間オリンピック大会	8
中馬庚	9
鶴田義行	22,24
デモクラシー	17
テレビ放送	28,41
東亜競技大会	52
東京駅	17
東京オリンピック	15,32,33,37,38,40,41,42,49,50,52
東京大空襲	53
東京六大学野球	17
陶製アイロン	47
徳川家達	36,42

な行

内藤克俊	19
永田秀次郎	32,33,34,35,36,38
ナチス	27,28
南京事件	44
南部忠平	23,24,30
西竹一	24,25,51
西田修平	24,30,31
二十一か条の要求	16
日英同盟	16
日独伊三国同盟	45,52,53
日独伊防共協定	45
日独防共協定	45
日中戦争	15,36,41,44,45,48,49,51,52,53
二・二六事件	27,30,36
『日本書紀』	5,32
日本放送協会(NHK)	21,41
野見宿禰	5

は行

バイエ・ラツール	34,36,37,48,49
配給所	47
箱根駅伝	12,13,50

浜口雄幸	26
パリ大会	8,19
ハワイ真珠湾攻撃	53
ピエール・ド・クーベルタン	4,6,7,8,15,36
人見絹枝	18,22,23
平澤和重	48
広田弘毅	38
普仏戦争	7
フレデリック・ウィリアム・ストレンジ	9
プロ野球	36
文化住宅	20
ヘラ神殿	4
ベルサイユ条約	16,27
ベルリン大会(ベルリンオリンピック)	28,30,41
ホーレス・ウィルソン	9
ボストンマラソン	13

ま行

前畑秀子	24,30
正岡子規	9
松岡洋右	27
マラソン	9,11
満州国	26,27,33,44,52
満州事変	24,26,34,44
三島弥彦	10,11,15
民主主義	17
民本主義	17
ムッソリーニ	35,36,45
村社講平	50
モボ・モガ	20

や行

山田敬蔵	13
山本忠興	32
友情のメダル	31
ユダヤ人	27,28
吉岡隆徳	50,52
吉野作造	17

ら・わ行

ラジオ放送	21
盧溝橋事件	44
レスリング	5
レニ・リーフェンシュタール	29
ロサンゼルス大会	24
ロシア革命	16
ロンドン大会	9
ワシントン会議	16
和田三造	40

- ●監修　日本オリンピック・アカデミー
　正式名称は「特定非営利活動法人日本オリンピック・アカデミー」。英語では「Japan Olympic Academy」、略称としてJOA（ジェイ・オー・エー）とも呼ばれる。ギリシャに本部を持つ国際オリンピック・アカデミー(IOA)を頂点とした、世界各地にある国内アカデミーのひとつで、1978年に設立された。オリンピックの思想・歴史・文化、また医学・生理学的な側面の研究や、オリンピック・ムーブメントなど、競技だけではない様々な面から関心を持つメンバーで構成されている。JOAの目的は、オリンピック憲章の理念に則った、オリンピックやスポーツの研究、教育、それらを通じた「オリンピズムの普及と浸透」。そのために数多くの事業に取り組んでいる。

- ●企画・編集　岩崎書店　編集部
- ●構成・執筆　カズ企画(青木滋一)
- ●装丁・本文デザイン　株式会社ダイアートプランニング
- ●図版・イラスト　野田祐一　青江隆一郎
- ●特別協力　佐野慎輔（JOA）　大野益弘（JOA）
- ●写真資料／提供・協力
朝日新聞社　NHKエンタープライズ　共同通信イメージズ　ゲッティイメージズ　公益財団法人講道館　国際日本文化研究センター　国立国会図書館　時事通信フォト　静岡大学高柳記念未来技術創造館　昭和館　杉本商店　椙山女学園歴史文化館　玉名市立歴史博物館こころピア　探検コム　秩父宮記念スポーツ博物館　筑波大学　DNPアートコミュニケーションズ　東京都立中央図書館　東京都歴史文化財団イメージアーカイブ　和水町教育委員会　名古屋スイミングクラブ　日本近代史研究会　日本近代文学館　日本体育協会　フォート・キシモト（PK）　堀口捨己　毎日新聞社　読売新聞社　早稲田大学大学史資料センター

【参考文献】
日本オリンピック・アカデミー編著『JOAオリンピック小事典』（メディアパル）
橋本一夫著『幻の東京オリンピック』（講談社）
坂上康博・高岡裕之編著『幻の東京オリンピックとその時代』（青弓社）
毎日新聞社編『思い出のオリンピックー栄光の全記録と全証言』（毎日新聞社）
東京市編『第十二回オリンピック東京大会東京市報告書』
第十二回オリンピック東京大会組織委員会編『報告書』

3つの東京オリンピックを大研究①

1940年 まぼろしの東京オリンピック　NDC780

2018年1月31日　第1刷発行

監修	日本オリンピック・アカデミー
企画・編集	岩崎書店　編集部
発行者	岩崎夏海　　編集担当　鹿島篤
発行所	株式会社　岩崎書店
	〒112-0005　東京都文京区水道1-9-2
	電話　03-3813-5526(編集)　03-3812-9131(営業)
	振替　00170-5-96822
印刷所	大日本印刷株式会社
製本所	株式会社若林製本工場

ⓒ2018 Iwasakishoten　　56p　29cm×22cm
Published by IWASAKI Publishing Co.,Ltd.　Printed in Japan.　ISBN978-4-265-08572-9
岩崎書店ホームページ　http://www.iwasakishoten.co.jp
ご意見ご感想をお寄せ下さい。E-mail hiroba@iwasakishoten.co.jp
落丁本、乱丁本は送料小社負担にて、おとりかえいたします。
本書のコピー、スキャン、デジタル化等の無断複製は著作権法上での例外を除き禁じられています。
本書を代行業者等の第三者に依頼してスキャンやデジタル化することは、たとえ個人や家庭内での利用であっても一切認められておりません。

3つの東京オリンピックを大研究

監修：日本オリンピック・アカデミー　**全3巻**

① **1940年**
まぼろしの東京オリンピック

② **1964年**
はじめての東京オリンピック

③ **2020年**
東京オリンピック・パラリンピック

岩崎書店

近代オリンピック・パラリンピックの歩み

年	夏季大会	日本と世界のできごと
1894	パリでオリンピック開催会議。	日清戦争(1894〜1895年)
1896	第1回オリンピック(アテネ)	
1900	第2回オリンピック(パリ) ※女子選手がはじめて参加。	パリ万国博覧会が開かれる。
1903		ライト兄弟が初の動力飛行に成功。
1904	第3回オリンピック(セントルイス)	日露戦争(1904〜1905年)
1905		早稲田大学野球部、アメリカへ遠征。
1908	第4回オリンピック(ロンドン)	
1912	第5回オリンピック(ストックホルム) ※日本人選手がはじめて参加。	明治天皇が亡くなる。年号は「大正」に。
1914		第一次世界大戦(1914〜1918年)
1916	第6回オリンピック・ベルリン大会は第一次世界大戦のため中止。	
1920	第7回オリンピック(アントワープ)	国際連盟が発足。第1回箱根駅伝が開催。
1923		関東大震災が起こる。
1924	第8回オリンピック(パリ)	甲子園球場が完成。
1925		ラジオ放送が始まる。
1926		大正天皇が亡くなる。年号は「昭和」に。
1928	第9回オリンピック(アムステルダム)	
1929		世界恐慌が起こる。
1930		サッカーの第1回ワールドカップ開催。
1931		満州事変が起こる。
1932	第10回オリンピック(ロサンゼルス)	五・一五事件が起こる。
1933		日本、国際連盟を脱退。
1936	第11回オリンピック(ベルリン) ※東京オリンピック開催(1940年)が決定。	二・二六事件が起こる。
1937		日中戦争(1937〜1945年)
1938		国家総動員法が出される。
1939		第二次世界大戦(1939〜1945年)
1940	第12回オリンピック東京大会は日中戦争のため返上。ヘルシンキ大会(フィンランド)は中止。	
1941		アジア・太平洋戦争(1941〜1945年)
1944	第13回オリンピック(ロンドン)は中止。	
1945		広島・長崎に原子爆弾が投下される。日本が無条件降伏。国際連合が発足。
1946		日本国憲法が公布。
1948	第14回オリンピック(ロンドン) ※敗戦国の日本は招待されなかった。	ソ連がドイツのベルリンを封鎖する。
1950		朝鮮戦争(1950〜1953年)
1951		サンフランシスコ平和条約に調印。
1952	第15回オリンピック(ヘルシンキ) ※日本が戦後初参加。	